心理学の世界

中川 佳子・髙橋 一公 編著

サイエンス社

監修のことば

　人は好むと好まざるとにかかわらず，一所に留まらない時間と変幻自在な空間の内で確かな自分を築きたいと願いながら，その目的をなかなか手に入れられないでいるかのようである。自分がどのような空間にいるのか，また，自分探しの期限は何時なのかさえ明示されていないあいまいさがある。しかしながら，人生の模範解答があるわけではないからこそ，思いきり試行錯誤し，将来を大胆に描き直すことも可能となる。

　自分の人生をどう描くかは容易なことではないし，描いた人生が最良のものであるかどうかの判定も簡単ではない。ただし，これまでの時間を振り返り，以前よりも経験を積んだ自分が選ぶことには意味があるはず，判断するのに迷うほどの手がかりが多いならば精緻化した判断ができるはず，ととらえることもできよう。案外に根拠のない憶測であったとしても人は自分の経験を否定するほどの大胆さを持っていない。確実なことは，現状以上に「よりよく生きたい」「満足したい」と日々悩みながら判断を重ねていることである。自らを向上させたいとのモチベーションはすべての工夫の源泉となる。

　本ライブラリを企画する趣旨としては，日常の生活の中で誰もが関心を持ち，迷い悩むようなトピックを採りあげる。そして，その思いをきっかけにして人生を見通せるように考え続けていくにはどうすべきなのか，われわれが考え，用いる知識やスキルがいかに相互に関連しているのかについて扱っている。本ライブラリでの学びを通じて，知識やスキルを修得し，人間性を高め，真に社会に役立つ人材へと成長することを目指している。世の中には多くの困難がある。世の動きに対応してその困難の質も高度になってきているようにも思える。本ライブラリは，それを希望に変えていける，世の中に貢献する人を育てることを意図し，この意図のもとに構成している。このような監修者と各巻の著者の意図が多くの読者の方々に理解されることを期待している。

　2014 年 10 月

　　　　　　　　　　　監修者　　大坊郁夫　髙橋一公

はじめに

　心理学は，心と行動の関係を科学的に解明する学問です。あの人はなぜあんな行動を起こしたのだろうか？人間関係が上手くいくためにはどうしたらいいだろうか？など，日常生活には心理現象に関する疑問にあふれています。にもかかわらず，はじめて心理学を勉強する方から，心理学に関心があったが，わかりにくい，固い，難しいと言った声をよく耳にします。興味を惹かれた方には申し訳ない次第です。

　2015（平成27）年9月に公認心理師法が成立し，現在，日本初の心理職の国家資格である公認心理師が現場で活躍しています。この資格を取得するためには，心理学の多領域の知識を網羅するとともに，医療や福祉などさまざまな分野において心理的支援を要する人への援助について知識と能力を修得し，国家試験に合格する必要があります。公認心理師を目指す方のための書籍には難解なものが多く，心理学を勉強することを躊躇されるかもしれません。

　そこで，初学者のためのわかりやすい入門書として，本書を出版することにしました。心理学をはじめて勉強する方にとってわかりやすい表現と説明を心がけ，図表をできるだけ多く採用しました。また，将来公認心理師を目指す方のために，試験設計表（ブループリント）のキーワードをできるだけ多く採用し，心理学の内容を網羅するようにしています。さらに，各章の最後にはポイントを記載していますので，学習の要点を押さえることができます。

　本書は15章構成となっています。第1章では「生涯における心理発達」として，生まれてから死に至るまでの各発達段階の特徴を，プラス面だけでなく老化衰退のマイナス面を含めた一生涯の心の発達として紹介しています。

　第2章では「感覚・知覚から認知へ」として，見る世界や錯覚の世界，記憶と記憶障害について説明しています。

　第3章では「"学び"と行動の変容」として，新しい行動はどのように学習

されるかについて，その理論的背景を取り上げています。

第4章では「ことばの習得とものの考え方」として，赤ちゃんが生まれてからどのようにことばを習得していくのかについて，いくつかの理論と，ものの考え方の心理学的知見について解説しています。

第5章では「脳の機能を考える」として，脳の中で心がどのように生じるのかについて解説しています。

第6章では「社会と関わる心」として，対人関係や集団心理についての考え方を紹介しています。

第7章では「現代家族の関係性と課題」として，家族がどのように変化してきたかを押さえ，その問題を取り上げています。

第8章では「教育現場における問題と支援」として，教えることと評価することにはどのような方法があるのか，また，学校全体で問題に対応するチーム学校の考え方について紹介しています。

第9章では「犯罪・非行の心と矯正」として，心理的支援や再犯防止など，司法・犯罪分野で求められる知識と技能について紹介しています。

第10章では「組織における人の行動と心理的支援」として，職場におけるメンタルヘルスや心の健康確保の取組みについて紹介しています。

第11章では「日常生活の困難と支援を考える」として，障害者（児）に対してどのような心理社会的支援ができるのか，また，合理的配慮やユニバーサルデザインの考え方について紹介しています。

第12章では「幸福で安定した生活を支えるために」として，福祉現場で心理職がどのように活躍できるのかについて紹介しています。

第13章では「個人と組織の健康のために」として，健康と医療の心理学を取り上げ，ストレスが心身にどのような影響を与えるか，また，その支援方法について紹介しています。

第14章では「適応とその人らしさ」として，臨床・パーソナリティ心理学の中から，心理療法の歴史や，パーソナリティを評価する検査について紹介しています。

最終章の第15章では「現代心理学の成り立ち」として，これまでの章で出

てきた著名な研究者を紹介するとともに，科学的手法によって研究されてきた心理学の源流や歴史について説明しています。

　これら 15 章は章ごとに内容が独立していますので，第 1 章から順に勉強しても，興味のある章から勉強しても構いません。心理学に興味を持った方に，まずは，心と行動の関係を理解してもらえればと思います。心理学に興味を持って勉強しようとする方のために，本書が一役買うことができればと願っています。

　最後になりましたが，本書の出版に際して多大なご援助を賜りましたサイエンス社の方々に感謝いたします。とりわけ，編集部の清水匡太氏には大変お世話になりました。心からお礼申し上げます。

2020 年 3 月

編　　者

目　次

生涯における心理発達
〈発達心理学〉

1.1　生涯における発達と各発達段階での特徴

1.1.1　生涯発達の考え方

　これまでの発達心理学では，成長が見られる時期，すなわち乳児期や児童期といった子ども期を主な研究の対象としてとらえることが主流でした。しかし，人間の一生は，プラスの方向に変化をする側面，すなわちポジティブな側面のみをとらえれば理解できるというものではありません。つまり，老化，衰退というようなマイナスの方向に変化をする側面，すなわちネガティブな側面をも含めた「変化」を併せてとらえることにより，初めて人間の一生にわたる発達の意味を理解することができます。そのように考えたときには，発達心理学の研究対象は幅広いものになります。したがって，**生涯発達心理学**は，受胎から死までという人の一生涯をその対象として含んで考えています。

1.1.2　発達段階と発達課題

　人の生涯にわたる発達をとらえるときに，発達にはその前後の時期で明らかに質的に異なる段階があると考えます。それを**発達段階**と呼び，各段階に分けてそれぞれの段階の特徴を検討するという方法が用いられます（発達段階説）。その段階の設定基準は，暦年齢（実年齢）のみならず，認知発達的側面や社会・精神的側面など多岐にわたります。

　発達段階説の中でも広く知られているものに，エリクソンによる**発達段階漸成説**（Erikson, E. H., 1959, 1963）があります。彼は，人の生涯を 8 段階に分け人生の発達過程をとらえようとしました。各段階には，心理・社会的発達に

表 1.1　**エリクソンの発達段階**（Erikson, 1959, 1963 などを参考に作成）

段階	危機（葛藤）	活力（徳）	内容
幼児期	信頼 対 不信	希望	・一貫性，連続性，類同性の経験が信頼に導く。 ・不適切，非一貫性または否定的な養育が不信を招く。
児童前期	自律性 対 恥・疑惑	意志	・自分のペース・やり方で技能を試す機会が自律性に導く。 ・過保護または援助の欠如が自己や環境の統制能力に疑問を抱かせる。
遊戯期 （児童後期）	自発性 対 罪悪感	決意	・活動の自由と疑問に答える親の忍耐が自発性に導く。 ・活動の抑制と疑問を無意味と扱うことが罪悪感を招く。
学齢期 （思春期）	勤勉性 対 劣等感	才能	・ことを成すことが許され，達成を誉めることが勤勉性に導く。 ・活動の制限と行いの批判が劣等感を招く。
青年期	同一性 対 役割の混乱	忠誠	・状況や人物が異なる際の人格の連続性と類同性の再認識が同一性に導く。 ・安定性（特に性役割や職業選択）を確立できないことが役割の混乱を招く。
成人前期	親密性 対 孤立	愛	・他者との同一性の融合が親密性に導く。 ・他者との競争的，闘争的な関係が孤立を招く。
成熟期 （成人後期）	世代性 対 停滞	世話	・次世代の基礎を固め導くことが世代性を生み出す。 ・自己への優先的な関心が停滞を招く。
高齢期	統合 対 絶望	英知	・人生の受容が統合感に導く。 ・逃した機会を取り戻すには遅すぎるという感情が絶望を招く。

成し遂げなくてはならない**発達課題**を設定し，その課題を乗り越えられなかった場合には心理的危機が訪れると考えます（表 1.1）。例えば，幼児期では，「信頼」対「不信」という発達課題が与えられます。この発達課題を乗り越えることができたならば，「希望」という徳が得られます。しかし，乗り越えられなかったときには，「不信」という状態に陥る危険があります。

1.1.3　各発達段階の特徴

1. 胎生期

　受精から出生までの時期を胎生期と呼びます。さらに受精後 10 日から 14 日

頃までの間を卵体期，人の構造をもつに至る 8 週までの間を胎芽期，身体諸組織の機能化が見られる出生までを胎児期といって区分しています。

　なお，胎児期や生後直後の健康・栄養状態が，成人になってからの健康に影響を及ぼす（前川ら，2012）という考え方があり，これは DOHaD（Developmental Origins of Health and Disease）仮説と呼ばれています。

2.　乳児期（1 歳あるいは 1 歳半頃まで）

　この時期には，人間の大きな特徴の一つである言語の獲得に向けた発達が見られます。生後 2 カ月頃を過ぎるとクーイング（cooing）が，生後 2 カ月から 7, 8 カ月には喃語（babbling）が見られるようになります。1 歳半頃までには「ママ」「まんま」に代表される初語（1 語文）が見られるようになります。その後，主体と動作を示すような 2 語文が見られ始めます。そして，段階を経て語彙を増やし，徐々に文法を操れるようになりながら，言語を獲得していきます。

　また，10 カ月〜1 歳頃から，指差し行動が見られ始めます。この行動は成長の重要な指標であり，また言語の発達にも深く関わるとされ，自分の意思を他者に伝達をしようとしているとも考えられています。さらに身体的な発達も著しく，生後 1 年頃から歩行の開始（始歩）が見られます。

3.　幼児期（2 歳頃〜）

　幼児期では，身体的能力も活発になり始め，知的な能力にも発達が見られます。また，保育園や幼稚園に通園を始めることで環境の変化が生じ，家庭以外での人間関係が形成されるなど，社会性の発達が促されるようになります。

　そして，何でも自分でやりたがったり主張が通らないとすねたりするなどの自己主張が見られ始めます。これらは，自我の芽生えの象徴であり，成長の証であると考えられ，第一反抗期ともいわれています。

　幼児期には，無生物や自然現象に対して，生命が宿っているかのように知覚する傾向が見られます。例えば，雨が降ると「空が泣いている」と表現することがあり，これはアニミズム心性と呼ばれています。そして，幼児期は，自分中心の視点から離れることができず，他人の視点や立場に立ってものを考えられない自己中心性が見られます。例えばピアジェ（Piaget, J.）の三つ山問題に

よってこの自己中心性をとらえることができます。この時期の子どもは自分と異なった情景が他者の視野に展開していることが理解できず，他者が見ている情景も自分と同じであると考えてしまいます。

4. 児童期（6歳頃〜）

児童期においても幼児期に引き続き，身体的および認知的な発達によって，自分で世界を広げていくことになります。

児童期の子どもには，何が善であり，何が悪であるかという**規範的な認識（道徳性）**が芽生え始めるとされています。ピアジェによれば，道徳性の発達にも段階が見られ，発達段階が進むにつれて，より高度な道徳性の意識が獲得されると考えられています。道徳性に関しては，コールバーグ（Kohlberg, L.）の理論も知られており，その発達段階を6つに分けて示しています（表1.2）。

5. 青年期（第二次性徴〜）

生理的成熟を示す第二次性徴が出現する12歳頃から20歳代半ばくらいまでの時期を青年期と呼びます。12〜17歳頃までが青年前期あるいは思春期とされ，生殖機能の発達に伴う身体的変化が特徴的となります。しかし，これによ

表 1.2　**道徳性の発達**（Kohlberg, 1976）

1. **罪と服従**：罪を避け，人や所有物を傷つけないようにし，規則や権威に従う。
2. **道具的目的と交換**：人の興味や要求に役立つときには規則に従う。公平な取引つまり等しい交換という観点をとる。
3. **対人期待，対人関係，同調性**：自分と密接な関係にある人々の期待に従って行動する。つまり自分に対する役割期待に従って行動する。よい役割を果たすことが重要である。
4. **社会システムと良心維持**：実際の義務を充足する。法律は他の社会的権利と義務と矛盾するような極端な例を除き，守らなければならない。社会，集団，制度に寄与するという観点をとる。
5. **権利と社会的契約**：人々はさまざまな価値と意見をもっていることを知っている。ほとんどの価値と規則は自分自身の集団にとって相対的なものであるが，それは社会的契約であるから常に守るべきである。生活と自由のような絶対的価値や権利はどの社会でも保持されなければならない。
6. **普遍的倫理原理**：特定の法律や社会的同意は倫理的原理に基づくものであるから一般に妥当である。もし法律が倫理的原理に背反するときは，倫理的原理に従って行為すべきである。倫理的原理は普遍的正義であり，人間が平等にもつ権利である。

注：各段階の間には移行段階がある。

りそれまでに形成してきた**アイデンティティ（自我同一性）**が揺るがされるなど心理的な脅威を伴います。アイデンティティとは，エリクソンが提唱した考えであり，自分は何者かという問いに対する答えを指しています。青年後期にはこのアイデンティティの獲得が課題となり，独立した一人の人間としての存在を確信することが求められます。時としてその答えを見つけることができず，アイデンティティの危機である**アイデンティティ拡散**の状態にさらされることもあります。また，青年期は，アイデンティティの確立のために社会的責任や義務を一時期的に免除された**モラトリアム（猶予期間）**の年代でもあります。

　青年期を厳密に何歳までとするかについては，意見が分かれています。青年期の終わりに関しては，大学を卒業する年齢くらいまで，もしくは24，25歳とされることもあります。しかし，社会生活の多様化を受けて，30歳程度までを（広義の）青年期とすることもあります。

6. 成人期（20〜30歳代）

　明確に年齢を区切ることは難しいですが，20歳代半ばから30歳代半ばおよび後半までの時期を成人期と呼びます（ただし，場合によっては，成人期を20歳代半ばあるいは30歳代頃から高齢期の前までとすることもあります）。身体的には成熟を迎えそれ以降なだらかに衰退の方向へと転じていきます。この時期は，新しい家族を形成する時期でもあり，他者との関わりの中で自己のあり方が位置づけられていきます。

　成人期における最も重要な発達課題の一つが職業生活の構築です。定職に就かない若者の増加が問題視されていますが，職業に就くことを前提とする**生涯キャリアの育成**が，青年期以降の重要な課題となります。

7. 中年期（40歳頃〜65歳頃）

　40歳頃から65歳頃までを中年期，あるいは壮年期と呼びます。この時期では，身体的衰えが目立つようになります。

　中年期は働き盛りの年代であるとともに，上の世代（老親）と下の世代（子ども世代）にはさまれる**サンドウィッチ世代**といわれています。また家庭でも中心的な役割を果たすなど過度のストレスにさらされやすく，心理的な危機に直面しがちであり，精神的疾患や自殺企図などが現れやすい時期でもあるとさ

れています。このような危機的状況は**中年期の危機**と呼ばれます。

　エリクソンによればこの時期の発達課題は，「世代性」対「停滞」です。世代性（あるいは世代継承性）とは，家庭や職場において，若い世代を養育・援助し，教え導くといった，次世代に関心の目が向かうことであり，そうでない場合には，自分自身に固執し，停滞を招くとされています。

8. 高齢期 (65 歳〜)

　日本では，高齢者とは一般的には 65 歳以上の人を指しますが，高齢期を 65 〜 74 歳までの**前期高齢期**と 75 歳以上の**後期高齢期**とに分けてとらえ，政策が立案されるようになっています。しかし，実際に 65 歳以上の人が自分自身を高齢者と認識しているかどうかは別の問題です。実際の年齢を暦年齢，自分が自覚している年齢のことを「主観的年齢」といいます。この主観的年齢について，佐藤ら（1997）が行った研究によれば，人々は 70 歳代半ばくらいまで，自分の主観的年齢を 65 歳くらいと認識している，つまり高齢者とは認識していないことが報告されています。

　自分自身の老いについて自覚することを「**老性自覚**」と呼びますが，自覚のきっかけや自覚し始める年齢は人により異なります。老性自覚を促すきっかけには，**内からの自覚（内性自覚）**と**外からの自覚（外性自覚）**があります。前者は，身体的，認知的，精神的な衰退や減退などによって起こり（例：老眼，体力の衰え），後者は，定年退職，引退，離別，死別といった社会的な経験やライフイベントによって引き起こされます。

1.2　認知機能と社会性の発達

1.2.1　ピアジェによる認知発達理論

　ピアジェは発達の要因を成熟・経験・社会とし，これら 3 つの**均衡化**が重要と考えました。基本的な均衡化として，外界に生じた不均衡を自己の内部に取り込む**同化**があります。そして新しい事態に対してシェマ（schema）と呼ばれる手持ちの方法，すなわち既存の認知的枠組みを用いても同化できない場合は，自分のシェマを変更することによって均衡化を回復しようとする**調節**を用

います。また，ピアジェは認知発達を感覚運動期，前操作期，具体的操作期，形式的操作期の4つの段階に分けて示しています。

1. 感覚運動期（誕生～2歳頃）

自分とそれ以外の対象を区別できるようになります。そのため，自分が主体となって対象物に働きかけるようになります。この時期に重要なのは**対象物の永続性**についての理解であり，この概念が獲得されると，目の前に置かれた対象物が覆いをされ見えなくなった場合にでも，ただ隠されているだけで覆いを取ったらそこに存在はしているということを理解できるようになります。この概念が獲得された子どもには，遊んでいたおもちゃが覆いによって隠された場合，覆いの向こう側にあるおもちゃを探そうとする行動が見られます。

2. 前操作期（2～7歳頃）

前操作期ではシンボル機能を用いることができるようになります。そのため，「ままごと」の食べるまねや飲むふりなどのように，何かを何かに見立てて遊ぶこと（**見立て遊び・ごっこ遊び**）ができるようになります。しかし，まだ**保存の法則**は獲得できていません。保存の法則とは，ものの見かけの形状が変わっても，質量は変化しないというものです。この概念が備わっていれば，見かけにつられて判断をしませんが，獲得できていない段階の子どもは，見た目の大きさに左右されやすいことが知られています。また，この時期には前述の**自己中心性**や**アニミズム心性**が見られます。

3. 具体的操作期（7～12歳頃）

具体的操作期に入ると，さまざまな**保存の概念**を獲得することができ，具体的な状況における論理的な思考が発達してきます。しかし，成人の思考にはまだ及ばず，論理的思考に関しては限定的であるといえます。また，一定の法則に従った分類も可能となります。

4. 形式的操作期（11～12歳以降）

大人とほぼ同じ思考の形態になると考えられています。そのため，抽象的な思考をすることができ，仮説を立てそれを検証するというような**仮説演繹的方法**による思考も可能となるとされています。

1.2.2　ヴィゴツキーによる認知発達理論

　ヴィゴツキー（Vygotsky, L. S.）の理論では，「ヒトは社会的状況の中で他者の助けを借り，ことばという道具を媒介して認知を発達させていく」と考えられています（中川，2014）。この理論の中でも，最も重要なのは，「自分の力で問題解決可能な領域（水準）」と「現時点ではその子どもが自力では問題解決ができない領域（水準）」があり，その間に「周りの大人の指導や援助を受けることによりその子どもが自力で問題解決できる領域（水準）」があるという「発達の最近接領域」という概念です。できなかった問題（課題）も，周りの大人の指導や援助を受けることで，子どもが自力で問題解決をしていくことで，さらに最近接領域は広がり，認知発達が促されると考えられています。

1.3　自己と他者の関係のあり方と心理的発達

1.3.1　母子関係の理論

　ボウルビィ（Bowlby, J.）は，それまで母子関係を説明する要因として用いられていた「依存」という概念に代えて，「愛着（アタッチメント）」という概念を用いました。これは，母親と子どもを結びつけているものは二次的動因説に見られる「ミルク」ではなく，情愛的な結びつきであることを示したものです。これは愛着理論と呼ばれ，母子関係の研究における大きな転換点となりました。

　20 世紀初頭，乳児院などの施設において養育された乳幼児に高い死亡率がみられることや発達遅滞などの現象が報告されていました。その後，スピッツ（Spitz, R. A.）はこの現象をホスピタリズム（hospitalism；施設病）として示しています。この原因として，施設収容による母性的な対象との情緒的絆や母性的な働きかけの欠如が指摘されました。そのため，施設の養護環境を家庭的なものに変更し，「あたたかい」雰囲気での養育を進めたところ，死亡率・罹患率が低下したことが報告されています。

　ボウルビィは 1951 年に世界各国の研究をまとめ，乳幼児期の発達にとって母性的養育が重要であることを指摘しました。その後，「ホスピタリズム」と

いう名称は誤解を招きやすいということから，**母性的養育の剥奪**（マターナル ディプリベーション）と呼ばれるようになっています。

1.3.2 ハーロウによる代理母の実験

子どもにとって，母親（養親）が一次的動因としての生理的欲求（物質的欠乏）を充足してくれるから「母親（養親）への愛情」が生じるとする仮説を「二次的動因説」と呼んでいます。この説では，子どもは母親が苦痛や不快を取り除くために世話をしてくれるので，母親に依存するという考え方になります。

しかし，ハーロウ（Harlow, H. F., 1959）のアカゲザルを用いた実験では，子ザルは授乳装置がついた針金製の代理母（ワイヤーマザー）よりも，授乳装置のない布製の代理母（クロスマザー）に抱きついて多くの時間を過ごしました。このことから，二次的動因説では説明できない接触によって得られる安心感が母子関係の形成に重要な役割を果たすと考えられるようになります（図1.1）。

1.3.3 アタッチメントの測定

ボウルビィの共同研究者であったエインズワース（Ainsworth, M. D. S., 1978）は，1歳児の愛着行動の質を評価するためにユニークな方法を開発して

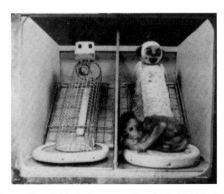

図 1.1 ワイヤーマザー（左）とクロスマザー（右）の実験（Harlow, 1959）

表 1.3　ストレンジ・シチュエーション法の 8 つのエピソード（Ainsworth et al., 1978）

エピソード 1（30秒）	・実験者が母子を実験室に導入し退室する。 ・母親は子どもを抱いて入室。 ・実験者は母親に子どもを降ろす位置を指示して退室する。
エピソード 2（3分）	・母親は用意された椅子にすわり，子どもには働きかけず，子どもは用意された玩具で遊ぶ。
エピソード 3（3分）	・ストレンジャーが入室し，最初の 1 分は黙っている。 ・次の 1 分は母親と話す。 ・残りの 1 分は子どもに働きかける。 ・その後母親に退室してもらう。
エピソード 4（3分，あるいはそれ以下）	・1 回目の母子分離，ストレンジャーは遊んでいる子どもに近づき働きかける。
エピソード 5（3分，あるいはそれ以上）	・1 回目の母子再会，母親が入室してストレンジャーは退室。 ・母親は子どもに働きかけて慰め，再び遊ばせようとする。 ・その後「バイバイ」と言い，母親は退室する。
エピソード 6（3分，あるいはそれ以下）	・2 回目の母子分離，子どもは 1 人残される。
エピソード 7（3分，あるいはそれ以下）	・ストレンジャーが入室し，子どもにあわせて働きかける。
エピソード 8（3分）	・2 回目の母子再会，母親が入室してストレンジャーは退室。

います。それは従来の自然観察法や縦断的研究法を補う**ストレンジ・シチュエーション法**（strange situation procedure）と呼ばれる方法で，8 つの場面（エピソード）から構成されています。この方法では，見知らぬ部屋に子どもを入れ，母親との分離，ストレンジャー（新奇者）との接触等により不安を高めて愛着行動が起こりやすい状況を実験的に作り出し，母親との再会場面における子どもの行動を評価するものです（表 1.3）。

1.3.4　心 の 理 論

　人はなぜ他人の心がわかるのでしょうか。プレマックとウッドルフ（Premack & Woodruff, 1978）は，チンパンジーなどの霊長類が他の仲間の心の状態を推測しているような行動を示すことを報告し，これを**心の理論**（theory of mind）と呼んでいます。この考え方は，「自己や他者の行動を予測したり説明したりするための心の働きについての知識や原理」と定義されています（小

川，2019）。この理論を説明するために用いられる課題に，「誤信念課題」があります。これは，「サリーとアン課題」（Baron-Cohen, Leslie, & Frith, 1985）としても知られており，5〜6歳頃になると，他者の立場に立って物事を考えられるようになり，この課題に正答することができるようになるとされています。

1.3.5 社会性の発達

　金銭などの外的報酬を得ることを目的とせず，自発的に他者を援助したいという心のことを**向社会性**と呼びます。向社会性の発達には，**共感性**を養うことが重要といわれています。これは，他者の苦悩を自分の苦悩として感じることのできる能力です。そのためには，他者の存在に関心をもつことがまずは必要な条件となります。自分こそが世の中で最も大事な存在で，他人は関係ない，というような思考方法でいる限り，共感性は育ちません。どのような個性を抱えた人であっても，それぞれが唯一無二の存在であることを理解するという信念が育つことが共感性の源となります。

1.3.6 他者との関係

　人間が社会の中で生きていく際，**社会化**，そして**個性化**をしていくとされています。社会化とは，その属する集団・社会・文化の社会的規範となっている行動や態度，価値観などを学習し，社会的環境に対する十分な適応を図っていくことを指します（磯部，2019）。一方「個性化」は，自己実現を目指そうとする発達過程とされています。

　児童期に入ると，それ以前と比べて活動範囲が広がり社会関係も複雑になります。例えば，親子関係のタテの関係（上下がある関係）が主だったのに加えて，対等の立場である友人とのヨコの関係も形成されます。そして，きょうだい関係も加わり，多様な関係性の中で過ごしていくことになります。また，きょうだい関係は，優劣が関係しているタテの関係に加えて，対等であるヨコの関係の両方の側面が含まれ，時としてその関係性が変化することから，「ナナメの関係」といわれます。仲間関係も変化し，小学校高学年では男児に見られる排他的で結束力の強い「ギャング集団」，中学生頃には女子に特徴的でこ

とばのやりとりを通して仲間であることを確認する「チャム集団」、高校生以降では、異性を含めたさまざまな価値を認める「ピア集団」を形成していくとされています。

1.4 高齢者の心理社会的課題と必要な支援

1.4.1 加齢による心身機能の変化

1. 感覚機能の変化

　高齢期になると、視覚に関して、加齢による水晶体の混濁や弾力性の低下、毛様体の筋肉低下などが起こります。例えば、近くに焦点が合いにくくなる、いわゆる老眼（焦点調節能力の低下）が代表的なものです。移動や日常生活において、視覚の低下は多くのリスクを伴うことが考えられます。

　聴覚では、聴力が加齢とともに低下し、高い音と小さい音に聞こえづらさを感じるようになります。聴力の低下に伴い、コミュニケーションが困難になったり、危険の察知などの能力も低下すると考えられます。これらの煩わしさから他者との関わりを敬遠することも増え、場合によっては精神的健康に影響することがあります。

　嗅覚の低下により、食べ物の腐敗臭や、ものの焦げるにおいやガス漏れのにおいがわからなくなったりします。また味覚では味蕾の減少に伴い、濃い味つけになったり、食物の腐敗に気づかず口にしてしまったりします。こうした変化は健康や安全面への影響が懸念されます。皮膚感覚では、痛覚と触覚が共に感じにくくなり、怪我の発見が遅れたり、火傷をする危険性が高くなったりします。これらは生命の危機に関わる可能性もあります。

2. 運動機能の変化と体力

　高齢者になると、運動機能を構成する多くの要素で低下が見られます（増本、2014）。高齢期を健康に過ごすためには、運動能力と密接に関係する「体力（行動体力・防衛体力）」に注目する必要があります。行動体力は、行動を「起こす（筋力や筋パワー）」「持続する（筋持久力や全身持久力）」「調整する（平衡性、敏捷性、柔軟性）」の各能力から構成されます。防衛体力は健康や生命

を脅かすようなさまざまなストレスや侵襲に対して抵抗する能力（安永，2014）を指します。高齢期には，行動体力より防衛体力を重視するべきであり，ADL（日常生活動作能力）を基本として自分の生活をどれだけ維持する能力があるか，生活を楽しむ余力があるかが重要です（谷口，1997）。

1.4.2　加齢による認知機能の変化

1. 注意機能とエイジング

　私たちの注意機能の内容は多岐にわたりますが，中でも選択的注意と注意分割は加齢の影響が生じやすいといわれています。選択的注意とは処理が必要な情報を選択しそれに注意を向けることです（図1.2，図1.3）。選択的注意における加齢の影響は，不必要な情報を無視することが困難になるような状態であると考えられます。注意分割（分割的注意）とは複数の事柄を同時に並行して行うことで，例えば食事をしながら新聞を読むといったことです。注意分割における加齢の影響は，2つの課題を同時にこなしそれぞれに反応することが求められる「二重課題」で認められています。

　注意をはじめとする種々の認知機能に見られる加齢の影響と密接に関係するものとして「抑制機能」があります（Hasher & Zacks, 1988）。抑制機能が低下すると，ターゲットに集中してそれ以外の情報を抑制するということが困難になります。高齢者は若年者に比べて抑制機能が低下し，不必要な情報処理を抑制することが難しくなることが明らかになっています。

あ　あ　あ　あ　あ
あ　あ　あ　あ　あ
あ　あ　あ　あ　あ
あ　あ　あ　お　あ
あ　あ　あ　あ　あ

か　か　か　か　か
か　か　か　か　か
か　か　か　か　か
か　か　か　お　か
か　か　か　か　か

図1.2　選択的注意（視覚探索課題の例）
この課題では「お」を探す。

図1.3　選択的注意（視覚探索課題の例）
この課題でも図1.2と同様に「お」を探すが，難易度が異なる。

2. 記憶機能とエイジング

　記憶は,「記銘(符号化)」「保持(貯蔵)」「想起(検索)」というプロセスから成り立っています。正常な老化過程でも,検索の機能に加齢の影響が見られます。これは「のどまで出かかっている」という **TOT 現象** (Tip Of the Tongue) に顕著に現れ,「記憶の中には確かにある(記銘と保持はされている)はずだが,それが出てこない(想起できない)」という現象です。一方,認知症では,これらに加えて体験の記憶であるエピソード記憶を記銘することそのものに障害が現れ,体験したことが記憶できなくなります。ただし,このエピソード記憶は正常な老化過程においても,若年者と比べて加齢の影響が最も顕著です。

　保持による分類では,保持時間の短い**短期記憶**とほぼ永続的な記憶である**長期記憶**があります。短期記憶に比べると,長期記憶では加齢の影響が顕著です。また,記憶の能動的な側面に着目した**作動記憶**(ワーキングメモリ)は,情報を一時的に保持するだけでなく,その処理にも関わる機能を併せもっています。作動記憶は加齢の影響を強く受けるため,記憶のみならず,さまざまな認知機能の低下に関連していると考えられています。

　一方で,意味記憶(ことばの意味やものの概念,名前といった知識に関わる記憶)や手続き記憶などは加齢の影響が少ないとされています。また,展望的記憶(未来に関する記憶)については,実験室的な研究に限らず日常的な場面に即した研究も行われ,高齢者と若年者で記憶成績にそれほど違いが見られないことや,場合によっては高齢者の記憶成績のほうがよいことが示されています。

　自伝的記憶(自分史の記憶)は,記憶保持時間が短くなるほど想起頻度が高くなること,対象者が 21 〜 30 歳時の記憶の想起頻度が最も高くなること(レミニッセンス・バンプ),5 歳頃までの記憶がないという**幼児期健忘**が知られています (Rubin et al., 1986; Rubin, 2000)。

1.4.3　老年期の適応

1. 活動理論と離脱理論

　高齢者の適応については，**活動理論**と**離脱理論**という相反する理論がありま
す。活動理論では，高齢者も中年期と同様の心理・社会的欲求をもち，老年期
における社会的相互作用の縮小は社会の側からのもので高齢者の意に反するも
のであるとし，老年期に高い活動性を保つことは適応の成功につながるとされ
ます（高橋，2014）。一方，離脱理論はカミングとヘンリー（Cumming &
Henry, 1961）が提唱した理論で，老年期に個人が社会や役割から離脱してい
くことは不可避でありそれは生活空間の縮小を生むとします。そして，離脱は
ふさわしい他の役割が見出せないときには危機が生じますが，基本的には高齢
者にとって望ましいものであると考えられています。

　生涯発達心理学を提唱したバルテス（Baltes, P. B.）の数々の理論の中で最
も重要視される理論が，SOC（補償を伴う選択的最適化）理論です。高齢期
になると加齢により心身機能の低下は避けられず，それまでの水準を維持する
ことができなくなります。そこで，この理論では，若い頃よりも狭い領域を探
索し，特定の目標を選択し，機能低下を補う手段や方法を獲得して喪失を補償
し，その狭い領域や特定の目標に最適な方略をとり，適応の機会の最適化をす
ると考えます（佐藤，2014）。

2. サクセスフル・エイジング

　高齢期には，喪失を伴う体験が増えていきます。それは，自身の身体能力，
記憶能力に限らず，配偶者や親しい人との死別（離別），定年退職に伴う経済
基盤など，実に多くの喪失体験を伴うライフイベントを含みます。喪失の時代
である高齢期をどう適応的に生きていくか，それは人生の集大成の時期の大き
な課題です。その課題解決のヒントとなるのが，幸福な老い，すなわちサクセ
スフル・エイジングです。サクセスフル・エイジングとは，「健康で長生きし
ていて満足や幸福を感じられるような老いの過程」（小田，2004）とされ，こ
のサクセスフル・エイジングの程度を客観的にとらえる概念の一つとして，
「主観的幸福感（subjective well-being）」があげられています。

　高齢者は，加齢に伴って身体機能や認知機能が低下し，社会関係が縮小し，

さまざまな喪失体験をしているにもかかわらず，ウェル・ビーイングは比較的安定していることが知られています。この現象は**エイジング・パラドックス**といわれ，これの解明に向けて，社会情動的選択性理論などを用いた検討が行われています。エイジング・パラドックスはネガティブなことが多い老年期であっても少しでもポジティブに生きるために組み込まれたメカニズムなのかもしれません。

第1章のポイント！

1. 「生涯発達」の考えを理解しましょう。
2. 各発達段階の特徴を理解しましょう。
3. ピアジェとヴィゴツキーによる認知発達理論の特徴を理解しましょう。
4. 愛着やアイデンティティの概念を理解しましょう。
5. 加齢によるさまざまな変化をまとめてみましょう。

感覚・知覚から認知へ

〈認知心理学〉

感じることとは？

　私たちの体は，目や鼻などの感覚受容器から外界のさまざまな刺激を受け取り，その情報を脳へ伝達して，その刺激を認識します。これらの活動の過程を「感覚」と呼び，情報が脳へ伝達され，外界の環境，自分の状態や経験に基づき，その刺激が何であるか，どのような状態であるかを感知することを「知覚」と呼びます（上村，2014）。

　感覚には，目，耳，鼻，舌，皮膚の受容器から，「見る」「聴く」「嗅ぐ」「味わう」「触れる」ことで刺激を受け取る，いわゆる五感（視覚，聴覚，嗅覚，味覚，触覚）と，その他に運動感覚，平衡感覚，内臓感覚の3つがあります。

　私たちは，日常生活においてこれらの感覚受容器を使い，情報を受け取っていますが，別々の感覚受容器を同時に使い，刺激の情報を処理することもあります。例えば，目と耳などの2つ以上の感覚受容器からそれぞれ受け取った視覚と聴覚の情報を，脳で統合します。これを**多感覚統合**といいます。さて，私たちは図2.1の2種類の図形を見て，一方の図形を「ブーバ」，他方の図形を

図 2.1　ブーバ・キキ図形（Ramachandran & Hubbard, 2001）

「キキ」と名づけるよう言われたら，どちらの図形を「ブーバ」，または「キ
キ」と名づけるでしょうか？

　おそらく多くの人が，曲線で描かれている右の図形のほうを「ブーバ」，頂
点が尖った左の図形のほうを「キキ」と名づけるでしょう。これはブーバ・キ
キ効果と呼ばれ，この実験に参加したほとんどの参加者が同じように回答しま
した（Ramachandran & Hubbard, 2001）。私たちは，図形という視覚の情報と，
「ブーバ」「キキ」という聴覚の情報を結びつけ，また，その結びつけにおいて
も，丸みのある右の図を「ブーバ」，尖っている左の図を「キキ」であるとい
う特定のイメージに基づいて結びつけが行われることが示唆されます。その他
にも音に特定の色を結びつけたり，匂いと色を結びつけたりと，さまざまな異
なる感覚の情報を結びつける多感覚統合が知られています。ブーバ・キキ効果
の実験から，私たちの多くに多感覚統合が共通して見られることが明らかにさ
れています。

2.2　感覚・知覚の世界

2.2.1　視　　覚

　私たちは目から外界の多くの情報を受け取ります。私たちの日常生活は視覚
情報に大きく依存しているといっても過言ではありません。また，視覚は，そ
の他の感覚より研究が進んでおり，これまでに多くのことが明らかにされてい
ます。

　では，私たちはどのように目で外界を見ているのでしょうか？　まず，外界
の物体を見るとき，光（電磁波）を感じることが不可欠です。太陽や室内の蛍
光灯などからの光は物体に当たり，その物体から反射された光を私たちは感じ
ています。これらの光は目の角膜，次に水晶体（レンズ）を通り，そこで屈折
した光は眼球の奥にある網膜上の視細胞を興奮させ，視神経から脳に情報が伝
達されます。そして，私たちは物体を見ていると感じるのです（図2.2）。

　しかし，私たちは目で外界にあるすべての光を感じることができるわけでは
ありません。私たちの目が感じることができる光のことを可視光といい，その

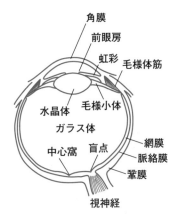

図 2.2　**眼球の断面図**（田中，1994）

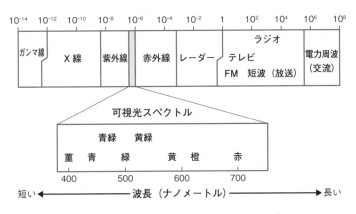

図 2.3　**波長**（Hochberg, 1978 上村訳 1981）

光の範囲（**波長**）は，約 380 ～ 780nm（ナノメートル）というわずかな範囲
です。それより波長が短い紫外線や X 線，波長が長い赤外線などは目で見る
ことができません（**図 2.3**）。

　外界の光により目で受け取った情報から，私たちは明るさや，物体の色や形，
大きさを判断します。特に網膜にある 2 種類の視細胞（**桿体細胞**と**錐体細胞**）
が，明るさや色の知覚に関わっています。桿体細胞は暗い場所でも光を感知す
ることができ，私たちは暗い中でも目の前に物体があるかどうかを判別するこ

とができます。一方，錐体細胞は暗い場所ではあまり働くことができませんが，明るい場所で働くため，私たちは特に物体の色を感知することができます。

　錐体細胞には，3つのタイプがあり，それぞれ異なる波長に対して興奮するという性質をもっています。波長は長い順に長波長，中波長，短波長と呼ばれ，それぞれ長波長に興奮する赤錐体，中波長に興奮する緑錐体，短波長に興奮する青錐体の3つがあります。これらの錐体細胞を通して，私たちは主に長波長の光を赤く，中波長の光を緑に，短波長の光を青く見ています。また，目に入ってくる波長の光により，3つの錐体が波長の特性に応じた割合で興奮します。例えば，外界から赤っぽい波長の光が目に入ってきたとき，赤錐体が多く興奮し，緑錐体はある程度興奮し，青錐体はほとんど興奮しません。この割合は，目に入ってくる波長の光ごとに異なるため，私たちはさまざまな色を感じるのです。

2.2.2　聴　　覚

　耳で音を感じる聴覚は，感覚の一つとしての役割を担っています。外界にはさまざまな振動（周波数）が存在します。これらの振動は空気中を伝わり，耳から脳に伝わることで音として感じます。私たちの耳は大きく分けて，外耳，中耳，内耳の3つの部分からなっています。外界の振動は，初めに耳の穴から

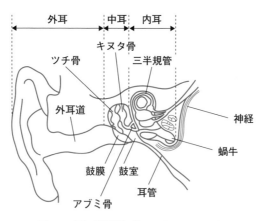

図 2.4　耳の断面図（梅田・梅田，1998）

外耳にある外耳道を通り，その奥の鼓膜を振動させます。その振動が，中耳にある耳小骨（ツチ骨，キヌタ骨，アブミ骨）へと伝わり，さらに奥の内耳の蝸牛管内を進みます。振動は内耳神経によって，電気信号として脳へ伝わります（図 2.4）。そして，私たちは脳で音の大きさや高さなどの聴覚情報を判別しています。

2.2.3 嗅覚・味覚・触覚

匂いの刺激を知覚する嗅覚は，私たちが鼻から匂いの化学物質を嗅ぐことで起こります。匂いは鼻の穴から入り，鼻の奥の上部にある嗅細胞を通して脳へ信号が送られ，どのような匂いか，どの程度の匂いの強さかなどを判断しています。日常生活において食べ物の匂いを嗅ぐことはよくありますが，台所でガスの匂いを嗅いでガス漏れを検知するなど，嗅覚は時として私たちの生活の安全にも深く関わっています。

私たちは食物を食べ，塩味，甘味，酸味，苦味，うま味を判別しています。舌の表面の味蕾の中にある味細胞は，これらの味に反応し，脳へその情報が伝わります。そして，どのような味か知覚されています。嗅覚と同様に，味覚は，食物が食べられるかどうかを判断することに関わるため，私たちの生命の維持にとって非常に重要であると考えられます。

触覚は皮膚感覚の一つです。私たちが皮膚で感じた外界の刺激情報は脳へ伝達され，刺激が判別されます。誰かの手が自分の手に触れるといった何らかの物体が皮膚に触れるだけでなく，例えばボールなどの物体が皮膚にぶつかったときの痛み，熱さや寒さなど，皮膚はさまざまな外界の刺激情報を脳に伝えています。

2.3　脳で見ていること

目から入ってくる視覚情報は，私たちが日常生活を送る上で非常に重要であり，視覚情報から私たちは物体の形，大きさ，奥行きなどを認識しています。しかし，目から見えるものすべてをそのまま見ているのではありません。私た

ちは視覚情報を脳で処理し，脳が調整したものを見ているのです。

2.3.1　形の知覚

　形を知覚するとき，私たちは物体を一つひとつのまとまりとしてとらえています。例えば，図2.5の左の図を見ると何に見えるでしょうか？　白い部分に着目して見ると盃のように見えますが，黒い部分に着目すると2人の人が向き合っている顔のように見えます。これを発見したルビンは，この図の中で形として見える部分が「図」，それ以外の背景として見える部分が「地」であり，私たちは図と地を分けて見ることで，形を認識していることを明らかにしました（Rubin, 1921）。

　図2.5の右の図を注意深く見ると，一番手前の中央に白い三角形のような図形が見えます。この三角形には物理的に境界線があるわけではありませんが，境界線のある三角形が描かれているように見えます。しかし，周囲にある線や，黒い図形がない場合では，三角形として見ることはできません。実際に境界線がない場合でも，私たちは脳内で境界線を描き，形として知覚しています。この脳内で作り出す境界線のことを**主観的輪郭**と呼びます。

　また，周囲にある線と黒い図形は，実際にどのような形をしているのかわかりません。しかし，実際にはわからないにもかかわらず，私たちの多くは，周囲にある線はつながっていて三角形の形を，黒い図形は円の形をしており，白い三角形が重なっているため一部分が隠れているのではないかと思うのではな

図2.5　**ルビンの盃（左）**（Rubin, 1921）**と主観的輪郭（右）**（Kanizsa, 1979）

いでしょうか。目で見ている図を全体として処理するとき，その図を最も可能性のある1つのまとまりとして判断し知覚することが明らかになっています。そのため，私たちの脳は，白い三角形の下に黒い線で描かれた三角形と黒い円が3つあると，より可能性の高い方法で図を知覚しているのです。

2.3.2　奥行き・大きさの知覚

　私たちが見ている世界は縦と横の平面だけの2次元の世界ではなく，奥行きのある3次元の世界です。すなわち，私たちは**奥行き**を手がかりにして，世界を見ています。その奥行きを判別するためには，左目と右目の両方が必要不可欠です。左目と右目は距離が離れているため，網膜に映る像にズレが生じ，見える像は左右で少し異なります（上村，2014）。これを**両眼視差**といい，左右の目で見える像をそれぞれ合わせることで奥行きを知覚しています。

　また，両目の像を合わせて単に奥行きを知覚しているだけでなく，私たちは奥行きを手がかりにして物体の**大きさ**を判別しています。例えば，**図 2.6** 左のように，私たちの前にAさんが立っています。Aさんから 10m さらに離れた場所にもう一人，Bさんが立っているとき，私たちの目にはBさんのほうが小さく見えているはずです。しかし，目から入ってくる情報のまま，私たちはBさんがAさんと比べて小さい人だとは思わず，Bさんが遠くにいるという

図 2.6　奥行きと大きさの知覚

ことを認識しています。また，私たちはAさんもBさんも人であることを知っているので，そのように視覚情報は脳で処理され，私たちはAさんもBさんも一般的な人の大きさで知覚します。一方，図2.6右は左とまったく同じ図ですが，左の図のBさんをそのままの大きさでAさんの隣へ移動させました。右の図では，奥行きの手がかりがないためBさんは非常に小さく感じます。このように，奥行きを手がかりに私たちは大きさを補正して知覚しており，奥行きは私たちの視覚において重要な役割を果たしているのです。

2.3.3　運動の知覚

　外界の視覚情報の中には，人が移動していたり，車が走行していたりと，**運動**を伴う情報が数多くあります。私たちは，自分の体の動きや，他人や車などの物体の運動と，その運動の速さや向きを知覚することができますが，すべての物体の運動を知覚できるわけではありません。一定の速度の運動は知覚されますが，速度が速すぎる運動や，逆に遅すぎる運動は知覚することができません。また，物体の距離によっても運動の知覚は異なります。例えば，電車の走行中に窓から風景を見ているとき，遠くに見える山々はゆっくり移動しているように見えますが，近くに見える住宅は速く移動しているように見えます。私たち自身，または対象となる物体が移動するとき，対象が遠くにあるか近くにあるかという距離の違いにより，その運動の知覚に差が生じます。これを**運動視差**といいます。私たちの運動の知覚も大きさの知覚と同様に，奥行きと深く関わっているといえます。

2.3.4　錯　　視

　私たちは時に錯覚することがあります。これは，私たちは外界の情報を正しく知覚しているにもかかわらず，実際の情報とは異なる形で受け取ってしまうという，情報が脳内で再構築されることで起こる現象です（菊池，2014）。特に，目から受け取る視覚情報に関わる錯覚を，**錯視**と呼んでいます。錯視には，図形の大きさや，長さ，方向など，さまざまな種類があります。

　図2.7で示した図形は代表的な錯視です。図形（a）はポンゾ錯視と呼ばれ，

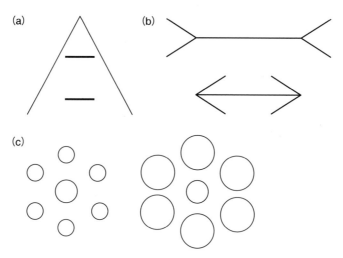

図 2.7 (a) ポンゾ錯視, (b) ミュラー・リヤー錯視, (c) エビングハウス錯視
(藤田, 2017)

山の形のような線の下に 2 本の横線が描かれています（2 本の横線の長さは同じでしょうか？）。図形 (b) はミュラー・リヤー錯視と呼ばれています（外向きまたは内向きの山形の線が横についている中央部分の 2 本の横線の長さは同じでしょうか？）。図 (c) はエビングハウス錯視です。中心に 1 つの円が描かれ，その周りに小さい円，または大きな円がいくつか並んでいます（中央に描かれている 2 つの円の大きさは同じでしょうか，違うでしょうか？）。

　正解は，ポンゾ錯視とミュラー・リヤー錯視の 2 本の線の長さはそれぞれ同じであり，エビングハウス錯視の中央の円の大きさも左右で同じです。しかし，私たちはポンゾ錯視において山の先にある横線のほうが長く感じ，ミュラー・リヤー錯視では山形の線が外に向かって開いている図形の横線のほうが長いと感じるのではないでしょうか。また，エビングハウス錯視においては，中心円の大きさは，小さい円で囲まれている円のほうが大きく，大きな円で囲まれている円のほうを小さく感じます。これらの例からわかるように，目は見ている情報を脳に伝達していますが，周りにあるさまざまな他の刺激の影響を受けて，図形や物体の大きさや長さなどを実際とは異なるように処理してしまうのです。

2.4　注　意

　さまざまな感覚受容器を使用して外界の刺激を受け取ると，その情報は私たちの脳へ伝達されます。脳では，その情報に対して注意を向けたり，記憶をしたりというさまざまな情報処理活動が行われています。注意や記憶といった処理過程がどのように行われているのかに着目したのが，**認知心理学**と呼ばれる学問領域です。

　とりわけ視覚や聴覚情報は私たちの日常生活において最も重要な情報であると考えられていますが，私たちは目に見えるまたは耳で聴こえるすべての情報を受け取り，処理をしているわけではありません。脳で情報処理をすることができる量には限界があるため，私たちは特定の情報に注意を向け，選択して知覚しています。これを**選択的注意**といいます。

　選択的注意の例の一つに，チェリーが最初に紹介した**カクテル・パーティ効果**というものがあります（Cherry, 1953）。カクテル・パーティのように人が多く，騒がしい会場にいるときに，私たちは隣にいる人と会話をすることがあります。他人の声が周囲から聞こえている状況でも，会話をしている隣の人の声に注意を向けて耳を傾けているため，周囲の声は気にならずそれほど聞こえません。一方，隣の人と話をしている最中に，周囲の人の会話の中に自分の興味がある話題が出てきたとき，私たちの注意はその会話に向き，よく聞こえるように感じます。また，病院の待合室などで，他人の名前が呼ばれることにはほとんど注意が向かないにもかかわらず，自分の名前が呼ばれたことにはすぐ気がつくという経験は誰にでもあることでしょう。

　このように，必要な刺激情報のみに注意を向け，選択して知覚し，必要のない情報をあえて選択しないことで，脳は効率よく情報を処理することができます。それによって私たちは日常生活を円滑に送ることができるのです。

2.5 記　憶

2.5.1 記憶の仕組み

　過去に経験したことや学習したことを私たちは記憶しています。子どもの頃に行った家族旅行や，友達と遊んで楽しかったこと，逆に怖い体験をしたことや，自転車の乗り方などさまざまな事柄を覚えておき，時折思い出したりすることがあります。では記憶はどのように起こるのでしょうか？

　記憶の仕組みは，コンピュータの情報処理過程に例えられます（**図 2.8**）。その情報処理過程に基づき，記憶は 3 つの段階に分けて考えられています。1つ目の段階は，**記銘**と呼ばれ，目や耳などの感覚受容器から受け取った刺激情報や出来事を習得する段階です。この段階は情報をコンピュータへ入力する段階にあたります。2 つ目の段階は，刺激情報や出来事を**保持**する段階です。コンピュータの処理過程を考えると，ハードディスクなどに情報を保存する過程といえます。最後は，**想起**と呼ばれる段階です。私たちは目や耳から得た情報や経験した出来事を記銘し，保持し，その情報を想起することで利用することができます。この記憶の段階も，コンピュータ上で必要なときに情報を検索して取り出すことと同じです。しかし，私たちの記憶の場合，コンピュータのように保存した情報をいつでも取り出せるというわけではありません。たとえ情報の記銘と保持が適切に行われたとしても，保持された情報をうまく想起することができなければその記憶を利用することができません。そのため，数学の授業で数式を記憶したはずなのに思い出せない，ある人に会って名前を聞いたはずなのにその人の名前を思い出せないといったことが起こります。

　また，記憶はいくつかの種類に分けて考えられていて，大きく**短期記憶**と**長期記憶**の 2 種類に分けることができます。私たちが外界から受け取る情報は，まず感覚登録器に入りますが，そのうち注意を向けられた情報のみが取り出さ

図 2.8　記憶の仕組み

れ，それ以外の情報は1秒以内になくなります。次に，取り出された情報のみが短期貯蔵庫に入ります。しかし，この貯蔵庫は容量が小さく，情報を保持できる時間も短いため，そのままの状態ではすぐに情報はなくなります。そこで，その情報を繰返し唱えるなど反芻（リハーサル）すると，ある程度の時間は記憶が保持されます。この短期貯蔵庫に基づく記憶が短期記憶です。短期貯蔵庫は情報を一時的に保持しておくだけでなく，その情報を用いて別の情報と統合するなど，さまざまな作業を実行するための活動的な装置であるとも考えられます。そのため，短期記憶は**ワーキングメモリ（作動記憶）**とも呼ばれることがあります。

短期貯蔵庫の情報の中でも，リハーサルが何度も行われ，保持された情報は長期貯蔵庫へ送られます。短期貯蔵庫と比べ，長期貯蔵庫は容量が大きく，長い期間情報を保持することができます。ここに貯蔵されている記憶のことを長期記憶といいます。私たちは，必要なときに短期貯蔵庫と，特に長期貯蔵庫の中の記憶を検索します。長期記憶が検索されて見つかると，短期貯蔵庫に戻され，そこで他の情報と照合されるなどさまざまな処理を受け想起されるのです（図2.9）。

長期記憶にはいくつかの種類があります。1つ目は**手続き的記憶**です。この記憶は，箸の使い方や，自転車の乗り方など，ことばにして説明することが難しい動作などの記憶です。私たちの多くは，箸の使い方について，指を一本一本どう動かすかなどのすべての行程を説明することはできません。しかし，私たちは箸の使い方を記憶しています。2つ目は**宣言的記憶**であり，手続き的記憶とは異なり，その記憶をことばにして説明できる記憶のことをいいます。また，宣言的記憶は，**意味記憶**と**エピソード記憶**の2つの種類に分けられます。

図2.9　記憶の貯蔵庫（Atkinson & Shiffrin, 1968；佐々木，2014）

意味記憶は文字の読み方や計算方法などの一般的な知識などの記憶として考えられる一方，エピソード記憶は出来事や個人の体験の内容と，そのときに起こったり体験したりした時間や場所と一緒に保持される記憶として区別されています。これらの記憶は必要に応じて検索され，想起されることによって利用することができるのです。

2.5.2　記憶障害——H. M. の事例

　現在までに，私たちの記憶についてさまざまなことが研究によって明らかにされています。特に，脳を損傷したアメリカ人患者，H. M.（ヘンリー・モレゾン）の事例は，記憶の研究に多大な貢献をしました。

　H. M. は子どもの頃からてんかんを患っていました。その治療のため，1953年，27歳のときに脳の一部を切除する手術を受けました。その手術では，脳の側頭葉内側，とりわけその左右に位置する海馬が両側とも切除されました。海馬は記憶に大きく関わっていることが現在わかっていますが，当時は明らかになっていませんでした。そのため，H. M. は手術を受ける前のあるときまでのことは覚えているものの，新しいことを覚えることができなくなってしまいました。一方で，短期記憶，ワーキングメモリ（作動記憶）は正常に働いていたという報告もあります。彼はほんの短い間に起こった出来事を一時的に記憶しておくことはできましたが，その記憶もすぐに失われてしまったのでした。また，新しい運動技術を学習することができるなど，手続き的記憶も機能していたことが研究によって明らかにされています（Corkin, 2013）。

　H. M. の脳損傷による記憶障害の事例から，私たちの記憶には短期記憶と長期記憶が存在することがわかります。彼の場合，手術を受けるより前の出来事は長期記憶として保持されていましたが，新しい出来事については短期記憶として一時的に保持することができたものの，その記憶を長期記憶の貯蔵庫へ送ることはできなくなったのです。また，彼の場合，長期記憶の中でも，新しい出来事の記憶というエピソード記憶は機能しなくなってしまいましたが，運動技術を学習する手続き的記憶は機能していたことから，長期記憶には手続き的記憶と宣言的記憶（エピソード記憶，意味記憶）があり，それぞれの記憶は脳

の異なる場所で処理されることも明らかになりました。

　このH. M.の事例から，私たちの記憶はどのような仕組みになっているのか
が明らかになりました。また，脳科学の分野においても脳のどの場所がどのよ
うな働きをしているのかについても理解が深まりました。H. M.は2008年に
亡くなるまで，記憶の研究に非常に大きな貢献をもたらしたのです。

▌第2章のポイント！

1. 私たちは感覚受容器を通して，外界の刺激を感じ，その情報を脳へ伝達し知覚し
ていることを理解しましょう。

2. 桿体細胞と錐体細胞の2種類の視細胞により，明るさや物体の色を知覚している
ことを理解しましょう。

3. 私たちは目から受け取った情報をそのまま見ているのではなく，脳で調整された
形，奥行き，大きさ，運動などの視覚情報を見ており，時に錯覚を引き起こすこと
を理解しましょう。

4. 私たちは外界からのすべての情報に注意を向けるわけではなく，特定の情報に注
意を向け，選択して知覚しています。このような選択的注意について説明できるよ
うにしましょう。

5. 記憶には短期記憶と長期記憶があります。短期記憶は一時的に記憶を保持し，記
憶の照合などが行われることからワーキングメモリ（作動記憶）とも呼ばれます。
長期記憶は手続き的記憶や宣言的記憶として長期的に保持されることを理解しま
しょう。

"学び" と 行動の変容
〈学習心理学〉

3.1　学習とは何か

　英語の learning（学習）には，もともと「わだち」や「軌跡」という意味があり，「何かが通った痕跡」が転じて「行動の変容」を示すようになったといわれています。まさに何かを経験することによってその後の行動が変化すること，あるいは変化していくことが「学習」の意味するところなのです。日本語の「学ぶ」も古い大和ことばの「まねぶ」が転じて「学ぶ」になったともいわれています。いわゆる「まねる」というところに語源をもち，行動が変化していくさまを示しているといえます。

　心理学で用いる「学習」は単に「勉強すること」だけを意味するものではありません。心理学で用いる**「学習」**は，「経験による比較的永続的な行動の変化」という，知識や学問以外の私たちの行動全般を含めた変化を指しています。

3.2　人の行動が変化する過程

3.2.1　初 期 学 習

1.　初期学習と刻印づけ

　「三つ子の魂百まで」ということわざが示しているように，人生の初期の経験は，その人生に重要な意味をもつといわれています。ローレンツ（Lorenz, K.）はハイイロガンのひな鳥の追尾行動を刻印づけ（imprinting：刷り込み）という概念で説明しています。生後の一定期間だけ成立した行動は永続するという特徴をもつとされていますが，ローレンツは**臨界期**（critical period）を過

ぎると刻印づけはまったく生じなくなることを発見しました。

　カモのような留巣性鳥類の追尾行動（最初に見たものに追尾していくという刻印づけ）は孵化後 13 ～ 16 時間程度で高い感受性を示し，その後反応が低下して 32 時間を過ぎると学習がほぼ成立しなくなるという絶対的臨界期が存在していることも見出されています（Hess, 1958）。人間の場合，刻印づけに相当するものは認められていませんが，人間には相対的臨界期（敏感期）という他の時期に比べて発達や学習が容易な時期があるとされています。

2. 生得的解発機構

　ローレンツらは，動物の行動を引き起こす基本的な行動の仕組みを「**生得的解発機構**」と呼んでいます。これは動物に生得的に備わった生理学的な仕組みのことで，特定の鍵刺激に触発されて特定の反応を引き起こすという遺伝的なプログラムとして仮定されたものです。

　ティンバーゲン（Tinbergen, N.）は雄のイトヨ（トゲウオ）の攻撃行動について実験を行い，攻撃行動を誘発する鍵刺激はイトヨ自体の存在ではなく，腹部の赤い模様であることを導き出しています（図 3.1）。

3. 生得的な行動と単純な学習性の行動

　生得的行動は経験や訓練によって獲得された学習性の行動とは異なり，経験や訓練によらない行動と定義することができます。生得的な行動の代表的なものとして反射をあげることができます。特に吸啜行動など，原始反射に見られる赤ちゃんの行動はその代表的なもので，誰に教えられたわけでなく，赤ちゃんは口に触れたお母さんの乳首を吸うことで栄養を得ることができるようになっています。

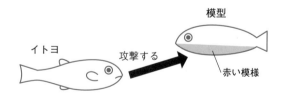

図 3.1　イトヨの攻撃行動

　馴化という現象は単純な学習性の行動として知られています。**馴化**とは「刺激が繰返し提示されることで，その刺激に対する反応が弱くなること」と定義されています。注意していたものに注意が向かなくなるなど，いわゆる「慣れ」の現象のことを指しています。

3.2.2　古典的条件づけ

1. 古典的条件づけとは

　古典的条件づけとはロシアの生理学者パブロフ（Pavlov, I. P.）によって見出された学習の基本的な原理で，生物がもつ生得的な反応とその反応の誘発には無関係な中性刺激が結びついて起こる現象を指しています。

　パブロフは動物の唾液分泌実験の中で，本来唾液の分泌が起こるはずがない条件でそれが起こることを発見しました（図 3.2）。本来，餌（食べ物）が口内に入るという刺激によって消化液である唾液が分泌されるというのが，私たち人間をはじめとする動物の基本的な反応です。しかし，パブロフの実験で用いられたイヌたちは餌が提示される前に唾液の分泌を始めました。イヌたちは餌が出てくる前に唾液の分泌とは無関係な音（足音，メトロノームの音など）を聞き，それが繰り返されるうちに「音がすれば餌が出てくる」ということを学習したと考えられました。このことから，このようなプロセスを**古典的条件**

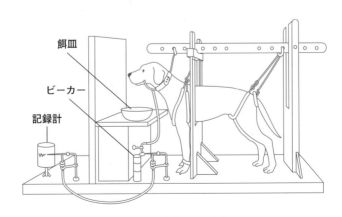

図 3.2　パブロフの実験

づけ（レスポンデント条件づけ）と呼ぶようになりました。

2. 古典的条件づけの基本原理

　古典的条件づけの成立には，ある生得的な反応（無条件反応）を誘発するような刺激（無条件刺激）と，その生得的な反応を引き出すには無関係な刺激（中性刺激）が対提示されることが必要です。中性刺激が提示されると生体はその刺激のほうに注意を向ける定位反応（おや何だ反応）を示しますが，それと同時あるいは直後に無条件刺激が提示されると，中性だった刺激が無条件反応と結びつき条件刺激へと変化していきます。また，条件刺激によって誘発された反応も条件反応として位置づけられ，古典的条件づけによる学習が成立することになります（図3.3）。

3. 般化と弁別

　古典的条件づけではメトロノームの音などの中性刺激を用いて条件づけが行われます。例えばイヌに1分間100拍のメトロノームの音と餌である無条件刺激を対提示して唾液の分泌の条件づけが成立した場合，拍数の近い80拍のメトロノームの音でもイヌは唾液の分泌を起こす場合があります。これを**般化**と呼び，条件刺激と類似した刺激にも反応することを示唆しています。条件刺激の類似性が高いほど条件反応を引き起こしやすくなります。

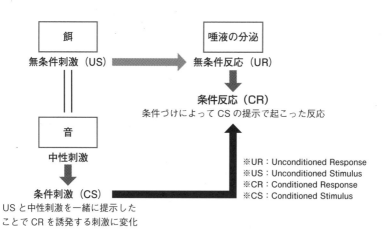

図3.3　古典的条件づけ

　しかし，100 拍の音の場合に餌を対提示し，80 拍の場合は餌を対提示しない
という手続きを繰り返すと，次第に 100 拍の音のときだけ唾液の分泌をするよ
うになっていきます。これを**弁別**と呼び，類似した刺激であってもその分化が
成立することが示されています。しかし，あまりにも近い中性刺激で弁別訓練
を行うと，その分化ができずに成立していた学習が崩れてしまうことも示され
ています。

4. 恐怖条件づけ

　ワトソン（Watson, J. B., 1920）による悪名高い実験として，アルバート坊
やに対する**恐怖条件づけ**の実験が知られています（**図 3.4**）。

　ワトソンは古典的条件づけが情動に対しても成立することを明らかにしまし
た。彼はアルバートが白ネズミや白ウサギに恐怖を示さないことを前提に，ア
ルバートが白ネズミに触れようとしたときに背後で大きな金属音を繰返し鳴ら
しました。するとアルバートは，恐怖の対象ではなかったはずの白ネズミを見
ただけで怯えるようになり，白ウサギやサンタクロースのお面などにも恐怖反
応を示すようになってしまいました。要するに白くてふわふわしたもの全般に

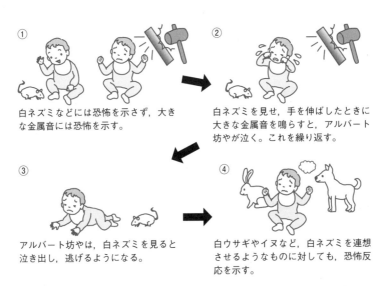

① 白ネズミなどには恐怖を示さず，大き
な金属音には恐怖を示す。

② 白ネズミを見せ，手を伸ばしたときに
大きな金属音を鳴らすと，アルバート
坊やが泣く。これを繰り返す。

③ アルバート坊やは，白ネズミを見ると
泣き出し，逃げるようになる。

④ 白ウサギやイヌなど，白ネズミを連想
させるようなものに対しても，恐怖反
応を示す。

図 3.4　恐怖条件づけの実験

対して恐怖が般化してしまったのです（図15.2参照）。

　その後，アルバートがどうなったかについては不明ですが，この実験には倫理的な問題が残ることになってしまいました。

5.　消　　去

　条件づけられた行動（反応）も，単に条件刺激のみの提示を繰り返していると，対応する条件反応は徐々に生じにくくなり，最終的にはまったく生じなくなります。これを消去と呼んでいます。しかし，恐怖条件づけのような情動に対する条件づけでは，単に条件刺激のみを提示するだけでは恐怖反応の低減にはつながらず，また放置して忘れさせてしまうことも有効ではなかったようです。恐怖のような負の情動反応の場合には，積極的に快経験と条件づけることによって新しい学習を成立させることが有効であるとされています。

3.2.3　オペラント条件づけ

1.　オペラント条件づけとは

　オペラント条件づけ（道具的条件づけ）とは，刺激に統制されない自発的な行動であるオペラント行動に対する条件づけのことで，自発的な行動の後に生じた刺激事象によって，その後の自発行動の頻度の変化が生じた場合を指しています。この刺激のことを強化子あるいは強化刺激と呼んでいます。

　ある行動の後に示された刺激によって，その後その行動の頻度が増大したならばその刺激は正の強化子（好子）と，逆にある行動の後に示された刺激によってその行動の出現頻度が減少（行動しないという現象が増大）したならばその刺激は負の強化子（嫌悪刺激；嫌子）と呼ばれています。

2.　オペラント条件づけの典型例

　オペラント条件づけでは，スキナー（Skinner, B. F.）によって考案されたスキナー箱を用いた実験が知られています。スキナー箱に空腹のネズミを入れ，偶然触れたレバーによってペレット（餌）が出てくることをネズミが何度か経験すると，レバーを押す頻度が高まっていくことが観察されます（図3.5）。

　日常においては，イヌのしつけなどの訓練にオペラント条件づけを見ることができます。「おすわり」という号令（弁別刺激）に対してイヌがおすわりを

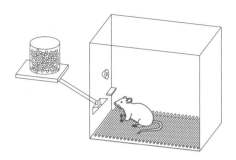

図 3.5　スキナー箱

すれば報酬としてクッキー（強化子）がもらえ，それが繰り返されることによって「おすわり」という号令に対して確実におすわりができるようになっていきます。「ふせ」という号令に対しておすわりをすればクッキーはもらえず，ふせという行動がなされた場合にクッキーがもらえると，「おすわり」と「ふせ」を弁別しそれぞれの号令に対する適切な行動の頻度が増大していくようになります。

3.　強化スケジュール

　オペラント条件づけでは，強化子を与えるタイミングが自発的な行動の出現に影響を及ぼします。この行動を強化していく強化子の与え方のプログラムを強化スケジュールと呼んでいます。

　自発された行動が繰り返されたときに毎回強化を行うものを連続強化，自発

表 3.1　代表的な強化スケジュール（山村・髙橋，2017 を改変）

	間隔スケジュール	比率スケジュール
固定的 （強化の期間が一定）	固定間隔スケジュール （FI：Fixed Interval） 一定の時間が経過したら強化子が与えられる。	固定比率スケジュール （FR：Fixed Ratio） 一定の回数に反応したら強化子が与えられる。
変動的 （強化の期間が変動する）	変動間隔スケジュール （VI：Variable Interval） そのときによって間隔は変わるが，時間が経過したら強化子が与えられる。	変動比率スケジュール （VR：Variable Ratio） そのときによって回数は変わるが，何回か反応したのちに強化子が与えられる。

された行動の時々に強化を行うものを部分強化または間歇強化と呼んでいます。また，時間を基準にして行われる間隔スケジュールと反応回数によって強化が行われる比率スケジュールがあり，表3.1のように4つの強化スケジュールが基本的なものとして知られています。

3.2.4　試行錯誤学習と洞察学習

1.　試行錯誤学習

　古典的条件づけやオペラント条件づけによって，学習の結果として行動が変化していくことが示されましたが，条件づけだけでなくさまざまな学習方略が用いられて私たちの行動が変容していくことが知られています。

　ソーンダイク（Thorndike, E. L.）は，偶然の成功から無効な行動が排除されて課題解決に必要な行動が残されていく過程を問題箱（図3.6）の実験を通して明らかにしています。問題箱に入れられたネコは偶然にも問題箱から出ることができる仕掛けを解きますが，この試行を繰り返すうちに徐々に無駄な行動が排除され，効果的な方法だけが残されていき，箱の外に出るまでの時間が短くなっていきました。このような過程を経て成立する学習を試行錯誤学習といいます。

　ソーンダイクは，効果のあった反応は強化され，効果のなかった反応は現れなくなるので，次にこの状況が再び生ずると，その反応はもっと生じやすくな

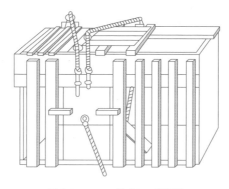

図3.6　ソーンダイクの問題箱

図 3.7　**洞察学習**（Köhler, 1917）

るとして，これを**効果の法則**と呼んでいます。

2. 洞 察 学 習

　私たちは試行錯誤の過程を経なくても，過去の経験などからその状況を一見するだけで問題を解決することがあります。これは試行錯誤学習とは違って洞察（見通し）によって問題を解決したという**洞察学習（見通し学習）**が生じたと考えられています。

　ケーラー（Köhler, W.）は，チンパンジーが手の届かない天井から吊るされたバナナを棒や箱を用いて取るという洞察学習を行うことを見出しています（図 3.7）。彼はチンパンジーの行動を観察し，チンパンジーが試行錯誤の後に状況を見極め，成功した経験から適切な方法を探索し，突然，なるほど，と「わかった体験（アハ体験）」をして問題を解決していると考えました。

3.3 社会的学習と効果的な学習

3.3.1 社会的学習

1. 社会的学習とは何か

　私たちは直接試行錯誤を重ね，さまざまなことを経験することで学んでいきます。これを直接経験による学習と呼んでいます。私たちはまた，直接経験を

しなくても，人の経験を見聞することによって学習を行う場合もあります。これを代理経験による学習と呼びます。人間の学習は直接経験よりも代理経験による学習のほうが多いと考えられています。

　この代理経験による学習を**社会的学習**と呼んでいます。この「社会的」には「他者を介して」という意味が含まれ，「他者＝モデル」であり，モデルは示範（モデリング）を行うものとして位置づけられることになります。学習者はモデルと同じ行動ができるようになることが社会的学習の基本となります。

2. 観察学習

　私たちはモデルの示す行動を見聞し，自らそれを実行し，モデルと自身の行動の違いを修正しながら学習を進めていきます。しかし，時と場合によって見聞のみで学習を成立させる場合があります。この見聞によってのみ学習が成立するものを**観察学習**と呼んでいます。

　例えばフグに毒があることや毒キノコを食べてはいけないことを私たちは知っていますが，必ずしもこうした知識や食べないという行動は試行錯誤の結果ではありません。もし試行錯誤によってのみ学習が成立しているとするならば，生命を脅かすような事態をも私たちは経験しなければならないことになります。

3. 模倣学習

　モデルの行動を手がかりとしてモデルと同じ行動をとることによって強化が得られるならば，それを**模倣学習**と呼ぶことができます。要するに，モデルの行動を手がかりにして同一の行動を学習することが模倣学習です。例えば，大人がキャンディの入った箱を選ぶのを観察した子どもが大人と同じ箱を選択するという行動は，モデルの行動が直接伝達した結果であり，模倣学習の一例として考えることができます。

　ミラー（Miller, N. E.）とダラード（Dollard, J.）は高架式 T 字型迷路を用いたネズミの模倣実験を行っています。彼らは，左右にランダムに提示される白黒カードの白が提示されたほうに行けば餌にありつけることをすでに学習したネズミ（モデル）に，学習が成立していないネズミを追従させて餌を得ることができるようにすると，モデルと同一の行動が成立することを見出しています。

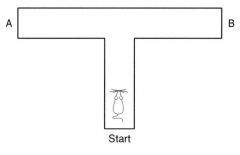

図 3.8 T字型迷路

モデルの行動を模倣することで餌という強化子を得られ、モデルと同じ行動が学習されていくことから、これもオペラント条件づけの一種であるとも考えられます（図 3.8）。

すべての模倣学習がオペラント条件づけによって説明できるわけではありません。また、モデルの行動を模倣するのか、モデルの行動の手がかりにしている刺激を模倣するのかによって学習の結果も異なります。当然のことながらモデルが手がかりとしている刺激を模倣するほうが、効率のよい学習を達成しやすいと考えられています。

4. 社会的学習理論

バンデューラ（Bandura, A., 1971）は、観察学習が学習理論だけでは説明できないことから、刺激と反応だけに限定された理論の枠組みからだけではなく、認知過程（内潜過程）を重視した**社会的学習理論**を提唱しています。

社会的学習理論は以下のような注意過程、保持過程、運動再生過程、動機づけ過程の4つの過程から成り立っています。

(1) 注意過程……観察者がモデルの行動に注意を向ける過程で、モデルの特徴や価値について観察する過程です。

(2) 保持過程……観察者がモデルの行動を情報として記憶する過程で、リハーサルなどを通して情報を記憶にとどめていきます。

(3) 運動再生過程……記憶した情報を行動として再生する過程で、再生するにあたっては学習者の身体能力に依存します。

(4) 動機づけ過程……モデルの行動を潜在的に学習していたとしても，学習者がその行動を再生するかどうかは学習者自身の再生しようとする動機によります。それは学習者自身が受ける外的な強化だけでなく，モデルが受ける代理強化なども含まれます。

3.3.2 効果的な学習と転移

1. 効果的な学習

人間行動の大部分は学習によって獲得されたといってもよいでしょう。通常，技能系の学習は練習あるいは訓練回数に比例して上達すると考えられています。このような**技能学習**の成果を成績としてグラフに示した変化の曲線を**学習曲線**と呼んでいます。時には学習の成果が停滞する高原現象と，その後急速に学習効果が上昇する時期に，交代が観察されることもあります。

技能学習においても習得すべき技能の試行結果の確認が上達に欠かせず，これを**結果の知識**あるいは**フィードバック**と呼んでいます。例えば，バスケットボールのシュート練習において，視覚を優位に使用して生活している私たちは自分の行動を目で確認しながら行うことで結果の確認が可能となり上達が期待できますが，目隠しをして何回ゴールを試みても上達を期待することはできません。このことからも，結果を確認できることが学習の効果の向上につながっていることが理解できます。

2. 全習法と分習法

演劇の台詞を覚えようとするとき，どのような方法で覚えればいいでしょうか。最初から最後まで全部をひとまとめにして覚えていくほうがよいのか，それともいくつかの部分に分けてそれぞれ覚えていくほうがよいのでしょうか。全部をまとめて学習を進めていく方法を**全習法**，いくつかに分けて学習を進めていく方法を**分習法**といいます。さらに分習法は，完全分習法，累進的分習法，反復的分習法に分けることができます（図3.9）。全習法と分習法のどちらが効果的かは学習の内容や学習者の能力・意欲によって異なります。課題の量が多くなく有意味な材料を用いる場合，学習者の知的レベルが高い場合，結果についての知識がすぐに得られない場合，学習の完成が近い場合，休憩を時々挿

全体をひとまとめにして学習

a. 全習法

A・B・Cそれぞれを学習したあとに
全体を通して学習

b. 完全分習法

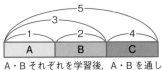

A・Bそれぞれを学習後，A・Bを通し
て学習，その後Cを学習し，A・B・
Cを通して学習

c. 累進的分習法

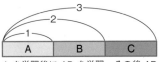

Aを学習後にABを学習，その後AB
Cを通して学習

d. 反復的分習法

図3.9　**全習法と分習法**（山村・髙橋，2017）

入する場合などでは全習法のほうが有利とされています。

　また，学習時間の分割に関する分類としては，集中学習と分散学習があります。**集中学習**は休憩を入れずに連続的に反復学習を行う方法で，**分散学習**は学習期間中に休憩を入れて反復学習を行う方法です。条件によって異なりますが，一般的には分散学習のほうが効果的であるといわれています。

3. 学習の転移

　学習の転移とは，先の学習（先行学習）が後の学習（後続学習）に影響を及ぼす現象で，バイオリンが弾ける人はチェロの学習が容易に進むと考えられることがこの例にあたります。この転移は後続学習に促進的な効果を示す正の転移だけでなく，後続学習に妨害的な効果を示す負の転移も認められます。例えば自動車を買い換えたときなどに，それまで乗っていた自動車の特徴によって新しい自動車の運転を誤ってしまう場合（国産車と外国車のウィンカーやワイパーレバーの位置の違いなど）が該当します。

　この転移に及ぼす条件としては，学習内容の類似性が高いほど正の転移が生じやすいとするソーンダイクやウッドワース（Woodworth, R. S.）などの同一要素説や，先行学習と後続学習の両方に当てはまる一般的原理を先行学習で学習し後続学習に当てはめるというジャッド（Judd, C. H.）の一般化説などをあ

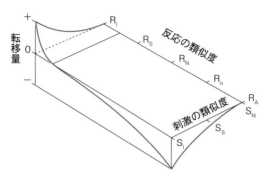

図 3.10　オズグッドの転移の理論（転移逆向曲面）（Osgood, 1949）

げることができます。また，多くの学習課題を経験することで課題間に共通する法則性を把握し，学習が容易になる学習の構えの影響も指摘されています。

　包括的な転移に関する考え方としてオズグッド（Osgood, C. E.）の**転移逆向曲面**をあげることができます（図3.10）。これは課題の類似度と反応の類似度に分け，それぞれの類似度の組合せで正・負の転移を同時に説明しようとしたものになっています。

▨▨　第3章のポイント！ ▨▨▨▨▨

1. 初期学習における刻印づけと臨界期の関係について整理しましょう。
2. 古典的条件づけにおいて，無条件刺激と中性刺激の結びつきによる条件刺激への変容について理解しましょう。
3. オペラント条件づけの成立と代表的な強化スケジュールについて理解しましょう。
4. 社会的学習理論における4つの過程について理解しましょう。
5. 全習法と分習法，集中学習と分散学習の違いを整理し，学習の転移の意味について考えてみましょう。

ことばの習得と
ものの考え方
〈言語と思考の心理学〉

4.1　前言語的コミュニケーションの発達

　ことばにはものを考える思考の道具としての機能，伝える機能，行動を調整する機能，記録する機能があります。二足歩行を始めたヒトは手が自由になったことで脳が発達し，ことばを獲得しました。ことばはコミュニケーションに欠かせないものとなっています。それでは，子どもはどのようにしてことばを習得するのでしょうか？　意味のあることばを話す前の時期を**前言語的コミュニケーション**の時期といいます。デキャスパーとフィファー（Decasper & Fifer, 1980）は生後 2 日の赤ちゃんに特別なおしゃぶりを吸わせる実験を行いました。ゆっくり吸っているとヘッドフォンからアラビア語が流れ，早く吸うと英語が流れました。すると，赤ちゃんは慣れ親しんだ英語を聞きたいために，おしゃぶりを早く吸うようになりました。この実験から，生まれたばかりの赤ちゃんでもお母さんのおなかの中ですでに母語（この実験では英語を話す両親から生まれた子どもなので，英語が母語になります）となる言語のリズムやアクセントを学習して，母語とそれ以外の言語の違いがわかり，慣れ親しんだ母語をより好むことがわかりました。また赤ちゃんには，大人の発声に対して，微笑んだり，大人の表情をまねたりする能力があります（新生児模倣；図 4.1）。このように，生まれたばかりの赤ちゃんもすでに他者とコミュニケーションする能力をもっているのです。

　生後 2 ～ 6 カ月頃になると，赤ちゃんは周囲の大人と目と目を合わせるアイコンタクトを行い，相互にコミュニケーションをします。赤ちゃんが楽しそうにしていると，お母さんは赤ちゃんに話しかけたり，笑ったりして赤ちゃんの

図 4.1　モデルの表情をまねる赤ちゃん（Field et al., 1982）

反応に応じます。すると，赤ちゃんは体全体を使って喜びを表し，笑い返したりします。また，親子でことばのようなかけ合いをして相互関係を楽しみます。歌に合わせて体を動かしたり手遊びなどをしながら，周りの環境に活発に関心を示します。

　生後 8 ～ 12 カ月頃になると，周囲の大人の注意しているものに注意を向けたり，笑っているか怒っているかなどを察知したりして，大人の情動を理解したコミュニケーションを行うようになります。新しいものがあると，周囲の大人の表情を見てどのようにしたらよいか判断したり（社会的参照），じらす行動（tease）を行ったりします。例えば，新しいおもちゃに対して，お母さんが怒っていると，それに触るのをやめ，笑っているとおもちゃで遊ぼうとします。このようにして，周囲の大人の情動に子どもは注意を払うようになります。そして，同じものに一緒に注意を向ける共同注意（図 4.2）を行います。このとき，お母さんや子どもは指差しを用いて，「ほら，これ，見て！」と相手の注意を対象物に向けるような動作をします。それと同時に，お母さんがその対象物の名前を言うことで（例えば，ブーブー），子どもは今注意を向けているものが「ブーブー」というと理解し，ことばを習得していきます。

　実際に，周囲の大人が子どもに話しかけるときには，大人同士の話しかけとは違った話し方をします。このような子どもに向けての話しかけはマザーリー

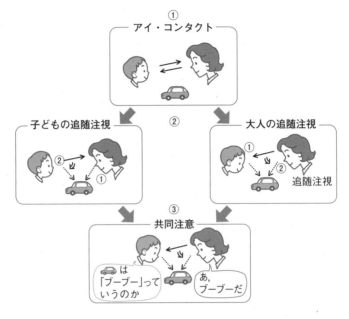

図 4.2　**共同注意の成り立ち**（長崎・小野里, 1996）

ズ（motherese）と呼ばれていましたが，現在は子どもに向けられた話し方として CDS（Child Directed Speech）と呼ばれています。CDS は，短く単純な構造で，繰返しが多いこと，声のトーンが高く，誇張された発音や表現で，動作を伴うこと，質問や呼びかけが多いことが特徴です。CDS は子どもが話しかけるときに注意したり，大人の情動を理解したりして，ことばの習得に役立っていると考えられています。

4.2　ことばの習得

　子どもは 4, 5 歳頃までにことばを使ったり，理解したりするようになります。それでは，「おぎゃー」と生まれた赤ちゃんはどのようにことばを習得していくのでしょうか？

　生まれたばかりの赤ちゃんは泣くか眠るかおっぱいを飲んでいるかの行動を

表 4.1　初期産出語彙の意味カテゴリー (小椋, 2002)

意味分野	幼児語を含めず分類した項目数	幼児語を含めて分類した項目数
幼児語	17 (34%)	
普通名詞	14 (28%)	21 (42%)
食べ物	7	8
体の部分	4	6
動物の名前	2	4
衣類	1	2
乗り物	0	1
会話語・あいさつ・日課	9 (18%)	9 (18%)
人々	5 (10%)	8 (16%)
性質	2 (4%)	3 (6%)
代名詞	1 (2%)	1 (2%)
動作語	0 (0%)	4 (8%)
その他	2 (4%)	4 (8%)
合計 (15 ～ 21 カ月)*	50	50

*50 語に達する月齢。(　) 内は 50 語に占める比率。

していますが, しばらくすると, ご機嫌なときにのどを鳴らす**クーイング**を発するようになります (1 ～ 4 カ月齢)。そして, 世界のあらゆる言語の音声を表出する声遊びの時期から, 母語となることばの音を発する**喃語**の時期を経て, 1 歳前後に初めて意味のあることばを表出するようになります (**一語期**)。その後, 助詞のない 2 つのことばを連ねて発する**二語期** (「ママ・ソックス」：意味はママのソックスや, ママソックスはかせて, など二語でいろいろな意味があります) から**多語期**へと発達していきます。

　このような過程を経て, 初めはゆっくりとことばの数が増えていきます。お母さんに質問紙調査を行った研究によると, 初期産出語彙には人や体の部分, 動物, 食べ物やあいさつや会話などが多いことがわかります (表 4.1)。つまり, 子どもの生活に密着したことばや社会的相互交渉のことばが初めに産出されます。そして, 1 歳半頃に自発語が 50 語くらいになると, 子どものことばは爆発的に増えます (**語彙の爆発期**)。小学校に入る前までに, 1 日平均 9 語程度の新しいことばを覚え (Carey, 1978), 3,000 語から 1 万語もの語を習得します。

　マークマン (Markman, 1989) はことばの習得に**認知的制約**を考えています。子どもは「ブーブー」ということばを聞くと, それは, その対象物の全体に関

する名称（**事物全体制約**）であり，その語はその対象物が属する範疇の名称（**カテゴリー制約**）で，1つのカテゴリーには1つのことばが与えられる（**相互排他性の制約**）と考えます。このような制約をもとに，人はさまざまなことばを習得していきます。

4.3 ことばの知識の獲得

　私たち人間は誰でも母語となる言語についての知識をもっています。日本語を話す人ならば，「私は」という場合「わ」を使わないことや，「が」と「を」の使い方を知っています。では，そのような文法についての知識はどのようにして獲得されるのでしょうか？

　スキナー（Skinner, B. F.）は，ことばは他の行動と同じように，学習によって獲得されるとする学習論を提唱しました。オペラント条件づけ（p.36 参照）の方法で，周りの人が話すことばを模倣し，うまくできたら褒められる（強化）ことで，ことばとその知識を獲得するという考え方です。例えば，お母さんが子どもにおせんべいを見せながら「これマンマ」と話しかけ，子どもがそれをまねて「マンマ」と言うと，お母さんはよくできたねと褒めます。このような一連の行動によって，子どもがことばとその知識を獲得すると考えます。しかしこの考え方は，子どものすべてのことばが模倣と強化だけで獲得されるものではないとして批判されています。

　そこで，チョムスキー（Chomsky, A. N.）は，ことばやことばの知識について脳の中に生得的に埋め込まれた**言語獲得装置**（Language Acquire Device；LAD）があるとする**生得論**を提案しました。これによると，この LAD に自分の母語となることばが入力されると，子どもは生まれてから誰でも母語となることばを獲得することができると考えられています。日本語や英語は個別言語と考えられ，子どもは生まれながらにすべての言語に共通する**普遍文法**をもっており，個別言語に接することで母語となることばとその知識を獲得することができます。また，ことばは有限個であるが，ことばをつなぎ合わせることで無限に文を作ることができると考えられています（**生成文法**）。例えば，「私」

「教員」ということばを使って，「私は教員です」から，「私は東京の大学で心理学を教える教員です」……など，無限に文を作ることができると考えられています。

　一方，**社会認知論**では他者とのコミュニケーションによってことばの知識が獲得されると考えられています。ヴィゴツキー（Vygotsky, L. S.）は大人から働きかけた支援によって，ことばや考え，記憶が発達していくと考えました。その考えを継承したのがブルーナー（Bruner, J. S.）です。彼は，周囲の大人が子どものことばの発達を支援する**LASS**（Language Acquisition Support System；**言語獲得支援システム**）があり，大人は子どもの発達の足場となるコミュニケーションを作っていると考えています。例えば，お母さんと子どもが一緒に絵本を見ている場面では，子どもが見ている絵をお母さんがことばにしたり，質問したりすることで，子どもは新しいことばを覚えたり発展させたりします。

　このようなことばの知識習得の理論とは異なり，言語学の分野では**音韻論**，**形態論**，**統語論**，**意味論**，**語用論**の研究が行われています。音韻論は音に関する分析を行い，形態論は意味をもつ最小の単位の取り出しを研究し，統語論は語順や配列を対象として文の構造を研究し，意味論はことばの意味を研究する分野です。そして，語用論は言語の用いられ方を研究しています。このようにさまざまな切り口からことばの知識の習得について研究が行われています。

4.4　ことばの障害

　ことばを聞いたり話したりするためには，脳のさまざまな領域が関係しています。脳が損傷を受けると，全般的な知的能力が低下する場合がありますが，脳は部位によって異なる機能を担っているため，部分的に損傷することで，特定のことばの機能が障害されます。

　右手利きの97.5％は言語機能が大脳の左半球に優位で，左手利きの3分の2も左半球が優位になります。大脳の中でことばを司る部位を大まかに分けると，左半球前頭葉の**ブローカ領野**と左半球側頭葉の**ウェルニッケ領野**，側頭─頭頂

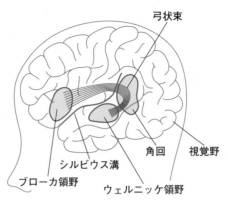

図 4.3　言語野（Geschwind, 1972）

結合部にある**角回**とそれらをつなぐ神経線維の**弓状束**から成り立っています（**図 4.3**）。ブローカ領野にはことばを話すことに関する機能があり，ウェルニッケ領野にはことばを聞くことに関する機能があります。**失語症**はこれらの領野が部分的に損傷されたもので**ブローカ失語（皮質性運動失語）とウェルニッケ失語（皮質性感覚失語）**，**伝導失語**があります。ブローカ失語は 1861 年ブローカ（Broca, P. P.）により発見されたもので，ことばを滑らかに発することが困難な症状を示します。例えば，質問された意味は理解しますが，その答えを発することが難しくなります。一方，ウェルニッケ失語はウェルニッケ（Wernicke, C.）によって 1874 年に発見されたもので，ことばを理解することが困難になります。そのため，質問された意味を理解することができず，何か答えなければと質問に関係のないことをべらべら話します。また，ブローカ領野とウェルニッケ領野を結ぶ弓状束が切断されると，他者から言われたことばの復唱ができない伝導失語が生じます。

　一方，聞いたり話したりするのには問題がないのに，文字を読んだり書いたりすることに困難を示す子どもがいます。これらは**発達性ディスレキシア**（developmental dyslexia）と呼ばれるもので，視覚や聴覚の感覚や知的能力に問題はないのですが，一文字ずつ逐語読みをしたり，読み間違いや書き間違いをしたり，鏡文字を書いたりします。読み書きがまったくできないわけではなく，

　読みが苦手なために書くことも苦手になります。国際ディスレキシア協会（2002）によると，これは神経生物学的原因に起因する特異的学習障害で，その特徴は正確かつ（または）流暢な単語認識の困難さであり，綴り字や文字記号音声化の稚拙さであると定義されています。

　発達性ディスレキシアの発生率は言語の種類によって異なっています。アルファベットを使用する言語のうち，英語圏では10％前後，ドイツ語圏では約5％，イタリア語圏では約1％といわれています。文字と音の対応が一対一の規則性を備える言語（日本語の仮名やイタリア語）ではディスレキシアの発生率は低く，不規則な対応をする英語などでは発生率が高くなります。

　日本語ではひらがなやカタカナにおいて，促音「っ」や拗音「しゅ」などの読み書きが困難な子どもは1〜5％程度であるのに対して，複雑な視覚認知が必要とされる漢字の読み書きが困難な子どもは5〜9％いると報告されています（Uno et al., 2008）。漢字はアルファベットと比べると視覚的に複雑なため，音韻困難だけでなく，視覚認知の問題で読み書きが困難になることも示唆されています。

　文字を読むときに関係する領域として，左半球の3領域が示されています（Shaywitz, 2003；図4.4）。側頭葉と後頭葉の接合部にある「後頭―側頭部」では，文字情報を単語のまとまりとしてとらえる機能があります。次に，「頭頂―側頭部」（角回と縁上回）では音韻処理が行われます。そして，発語や文法，

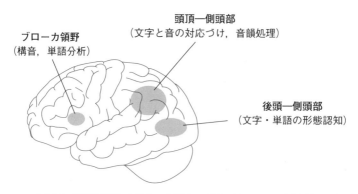

図4.4　**読字に関与する3つの脳システム**（Shaywitz, 2003）

音韻処理に補助的に関わるブローカ領野があります。例えば，「でんしゃ」という文字が提示されたら，目から視覚情報が後頭葉の視覚野を経由して，「後頭─側頭部」で文字から単語のまとまりとして認識されます。「頭頂─側頭部」では単語の形態的な視覚情報が音の聴覚的情報に変換されます。そして，ウェルニッケ領野やブローカ領野でことばの意味が理解されるようになります。この文字から音へ変換される領域のどこかの機能不全により，発達性ディスレキシアにおける読み書きの困難が生じていると考えられています。

　なお，発達性ディスレキシアは読みや書きに困難が示されるものですが，小学校の教科学習においては教科書の読み書きなどに困難が示されるため，学業成績にも影響を与える可能性があります。そのため，学力や自尊感情の低下，さらに不登校やいじめなど二次障害を引き起こす可能性が高いと考えられています。

4.5　ものの考え方

4.5.1　思　　考

　思考とは「考えや思いをめぐらせる行動で，結論を導き出すなどの状態に達するまでの道筋や方法などを模索する精神活動」と定義されています。ギルフォード（Guilford, J. P.）は人間の思考を**収束的思考**と**拡散的思考**に分けました。収束的思考とはすでに知っている情報から唯一の正解に到達するための考え方です。例えば，数学の期末試験などで，1つの問題に1つの答えを求めるときの考え方です。それに対して，拡散的思考とはすでに知っている情報からいろいろな考えをめぐらせ，新しいものを生み出していく考え方です。

　収束的思考から拡散的思考への切り替えは固定概念にとらわれると難しくなります。なぜなら，収束的思考では1つの答えを求めるために，固定概念や習慣的な構えができてしまうと，さまざまな新しい答えを考えることができなくなるからです。**図4.5**と**表4.2**では，それまでに行った答えの導き方がもっと簡単な答えの導き方を妨害しています。また，日常生活で使っている道具本来の使い方（機能）は，思いもよらない別の用途を考え出すことが難しくなりま

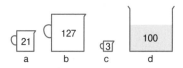

「大きさの違う 3 つの水差し a, b, c を用いて, 容器 d に 100 クオートの水が残るよう
に測るには, どうすればよいか？」

図 4.5 　水差し問題（Luchins, 1942 にもとづく）

この図は訓練問題 2 を示す。練習問題 1 では a と b の 2 つで d の水の量を測る。
答え：訓練問題 2 〜 6 では, b で水を d に 1 杯汲み入れ, そこから a で 1 杯, c で 2 杯
捨てればよい。つまり公式 "b − a − 2c = d" を用いる。テスト問題 7, 8 はそれまでの
公式でも解けるが, "a − c = d" または "a + c = d" という簡単な解き方が隠されている
のに気づきにくい。従来用いてきた複雑な解法を機械的に適用してしまうからである。

表 4.2 　水差し問題（Luchins, 1942）

	問題の番号	与えられた水差しの容積			求めるべき 水の量
		a	b	c	d
練習問題	1	29	3	—	20
訓練問題	2	21	127	3	100
	3	14	163	25	99
	4	18	43	10	5
	5	9	42	6	21
	6	20	59	4	31
テスト問題	7	23	49	3	20
	8	15	39	3	18

水の量の単位はクオート, 1 クオートは約 1 リットル。
注：ルーチンスの問題 5 は "a + 2c = d" という別解があるので不適切である。c を 7, d
を 19 と変更するのがよい。

す（機能的固着）。

4.5.2　問 題 解 決

　問題解決とは問題を解決して答えを見つける思考です。その方略は 2 種類に
分けることができます。一つはアルゴリズムで, 一連の規則的な方法をとれば,
必ず解答を得ることができます。例えば, 迷路をスタートしてゴールに向かう
場合, 右手（もしくは左手）を壁につけてどんなに突き当たりが見えていても

壁から手を離さずに歩けば，いつか必ずゴールに到着することができます。ただし，突き当たりが見えていても手を離さないで戻ってくるわけですから，大変な時間と労力が必要になります。とても面倒な問題解決方法です。それに対して，**ヒューリスティック**は必ず答えを得ることができるかどうかはわかりませんが，うまくいくと効率的に答えを得ることができる方略です。例えば，部屋の中で探し物をするとき，入口から順番にくまなく探すのではなく，置いてある可能性の高いところから探すときなどがその例です。アルゴリズムのようにしらみつぶしに探すよりも，ヒューリスティックのほうが早く探し物を見つける可能性が通常は高くなります。そのため，日常生活ではヒューリスティッ

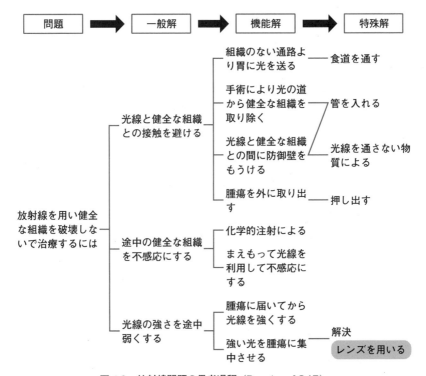

図 4.6　放射線問題の思考過程 (Duncker, 1945)

ある実験参加者が放射線問題を解決する際にどのような思考過程をたどったかを示したものである。この実験参加者は問題を分析し，一般解から，機能解，特殊解へと段階的に思考を進めていることがわかる。

クによる問題解決が用いられています。放射線問題の思考過程実験（Duncker, 1945）では参加者がどのような思考を行ったが示されており（図4.6），ヒューリスティックの方法を用いていることがわかります。

4.5.3 推　　論

　推論とは，すでに知っている事柄をもとに，まだ知らない事柄について予想することです。代表的なものとして，ここでは帰納的推論と演繹的推論を説明します。

　個別の事例を集めて一般的な原理を引き出す方法を帰納法といいます。**帰納的推論**とは，実際に見た事実や事象を集めて，それが生じている原因や法則性を推論することです。例えば，「月見うどんや温泉饅頭を食べてもアレルギー反応は出ないのに，きつねそばやそば饅頭を食べるとアレルギー反応が出るならば，アレルギーの原因にそばがあるのではないか」と推論することです。

　演繹的推論とは，一般的・普遍的な原理から，個別的・特殊な事例を推論する方法です。「冷害なら不作になる」（p ならば q）という命題があるとき，その裏「不作ならば冷害である」（q ならば p）は成立しません。なぜならば，不作の原因は冷害だけではないからです。そこで，命題の対偶「不作でないなら冷害でない」（q でない（not q）なら p でない（not p））がつねに成立することを考えます。このような論理学の考えは日常生活では自然に使って正しい答えを推論しています。しかし，抽象的な問題になると誤りを犯しやすいことが示唆されています。

　ウェイソンら（Wason et al., 1972）は大学生を対象にした実験で抽象的な問題の難しさを示しています。実験では，まず図4.7のような4枚のカードを大学生に見せます。「それぞれのカードは片面には数字が書かれ，もう片面にはアルファベットが書かれています。『カードの片面にアルファベットの母音があれば，その裏面の数字は偶数である』という仮説を確かめるためにひっくり返す必要があるカードはどれですか？」と質問しました。母音であることを p，偶数であることを q で表現すると，「p ならば q」と対偶の「（not q）ならば not p」を確かめればよいので，A（母音）と 5（奇数）のカードの裏面を調べ

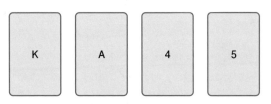

図 4.7 **4 枚カード問題**（Wason et al., 1972）

図 4.8 **封筒問題**（Johnson-Laird et al., 1972）

ることが命題を解決することになります。しかし，大学生の正解率は 10％に
すぎませんでした。

　ジョンソン - レアードら（Johnson-Laird et al., 1972）はこの **4 枚カード**問題
を日常生活の問題に作り変えました。図 4.8 のような封筒を見せ，「手紙が密
封ならば，開封より 10 円高い 50 円切手を貼らなければなりません。この規則
が守られているかどうかを郵便局員の目でチェックするにはどうしたらよいで
しょうか？」と尋ねたところ，24 人中 20 人が正解しました。密封の封筒（p）
に 50 円が貼られているか（q）（左から 2 番目）と，40 円が貼られている（q）
のは開封された封筒（p）である（右端）ことを調べればよいのです。これは，
論理学の対偶の問題も郵便料金のような日常生活に照らし合わせると，正しく
考えることができることを示しています。

■ 第4章のポイント！

1. 前言語的コミュニケーションの時期に子どもが何を行っているか理解しておきましょう。

2. ことばの習得の順序について理解しましょう。

3. ことばの知識を獲得する理論の提唱者とその内容について理解しましょう。

4. ことばの障害にはどのような種類がありますか？　また，それは脳のどの領域が関係しているでしょうか。

5. 思考の種類と問題解決の方略について理解しましょう。

脳の機能を考える
〈生理心理学〉

5.1　神経細胞の構造と機能

　神経は体のあちこちに網の目のように張りめぐらされた無数の細胞と組織が連絡するネットワークです。**中枢神経**は脳と脊髄から構成され（**図 5.1**），全身に指令を送る神経系等の中心的な働きをして情報をまとめ判断し，指令を出すために神経細胞が集まって大きな塊となっています。中枢神経の構造は**大脳**，**間脳**（視床，視床下部，松果体，脳下垂体），**脳幹**（中脳，橋，延髄），小脳の領域に分類されます。小脳は運動や姿勢の制御を担っています。脳幹は多くの神経が出入りする場所で，生命維持や意識と覚醒に関係しています。間脳は体

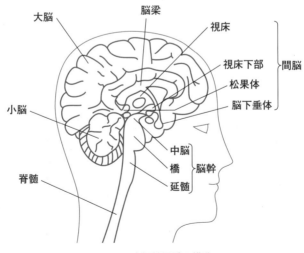

図 5.1　中枢神経系の構造

表 5.1　自律神経の機能

臓器	交感神経活動	副交感神経活動
心臓	心拍数増加	心拍数減少
	筋力増大	筋力減弱
血管	一般に収縮	
瞳孔	散大	縮小
文様体筋		収縮（遠近調節）
涙腺		分泌促進
唾液腺	分泌（軽度に促進）	分泌促進
汗腺	分泌	
消化器	運動抑制	運動促進
	（括約筋促進）	（括約筋抑制）
	弛緩	収縮
膀胱	弛緩	収縮

性感覚情報や視覚情報，聴覚情報を大脳皮質へ投射するための中継基地の働き
や，自律神経の制御，ホルモンを分泌し食欲，性欲，睡眠欲などを制御してい
ます。

　末梢神経は体の内外の各器官に分布する神経と中枢神経を結び，体の隅々ま
で情報を伝えています。末梢神経には**運動神経**と**自律神経**の2種類があります。
運動神経は脳からの指令を受け骨格筋を働かせて運動を行う神経です。自律神
経は呼吸や血液循環，消化など無意識に調整している神経で，**交感神経**と**副交
感神経**があります。交感神経は活動や緊張を，副交感神経は休息やリラックス
させる働きがあります（表 5.1）。

　人間の脳は 860 億個という**神経細胞**（ニューロン）によって情報を受け取り，
次の細胞や器官に情報を伝える働きをしています。ニューロンの構造は**細胞体**
と**軸索**，**樹状突起**で構成されています（図 5.2）。1つの神経細胞から複雑に分
岐した樹状突起が伸び，樹状突起は別の神経細胞とつながって複雑なネット
ワークを形成しています。ニューロンに他の細胞からの刺激が入力されると，
活動電位を発生させ，絶縁体の髄鞘（ミエリン）で覆われた軸索の末端へと電
気信号が伝えられます。ただし，髄鞘は 1 〜 3mm 間隔で覆われていない切れ

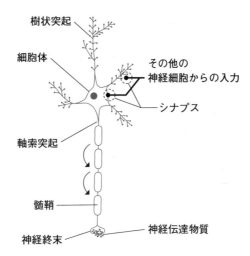

図 5.2 **神経細胞の構造**（Kolb et al., 1996 より一部改変）

目があり（**ランビエの絞輪**），電気信号は絞輪間を飛び飛びに伝導していきます。髄鞘化することで信号伝達の速度が速くなります。軸索の終末部分にはこぶ状の膨らんだ形をした**シナプス**があります。シナプスと次のニューロンとの間には目に見えないほど狭い間隙（**シナプス間隙**）があります。そのため，次の細胞に情報を伝えるために，シナプス終末部に伝えられた電気信号が**アセチルコリン，ノルアドレナリン，ドパミン**などの**神経伝達物質**に作用してシナプス間隙に放出されます。そして，次のニューロンの**受容体**に結合して閾値を超えると，活動電位が発生して，次のニューロンに情報が伝達されます。

　ニューロンは体細胞とは異なる発生過程を経過します。体細胞は新しい細胞に何度も置き換わることができますが，ニューロンは通常，新しいものが発生することはありません。生まれてから幼児期にかけて神経細胞は過剰に増殖・分化し，その後は増殖することなく，不必要な細胞は自発的に消滅します。このようなメカニズムを**アポトーシス**（apoptosis）といいます。アポトーシスは遺伝的にプログラムされたもので，外部からの刺激によって消滅するものではないため，細胞死もしくは細胞自殺といわれています。アポトーシスによって神経細胞は初めに形成されたもののうち半数以上が消滅すると考えられてい

ます。消滅せずに残った細胞は一生涯維持されることになります。

5.2 大脳の構造と機能

　大脳は人間の最も高次の精神活動の中枢で，左右の大脳半球から構成されています。大脳には白質と灰白質があり，白質は神経線維でできていますが，灰白質は神経細胞の細胞体があり，白質より色が濃く灰色がかっています。大脳皮質は異なる領域で異なる神経活動を担っています。大脳皮質には多くの溝があり，**中心溝**，**外側溝**という大きな溝を目印に**前頭葉**，**側頭葉**，**頭頂葉**，**後頭葉**に分けることができます（図5.3）。前頭葉は中心溝の前の領域で，最も高次の思考，意思，想像力や，運動に関する機能を担っています。外側溝の下の領域は側頭葉で，言語や聴覚に関する機能を担っています。中心溝の後ろの領域は頭頂葉です。ここでは温度や皮膚感覚など感覚モダリティからの感覚情報を統合する機能を担っています。大脳皮質の後ろの領域は後頭葉といい，色や形など視覚情報処理に関する機能を担っています。

　ペンフィールド（Penfield, W.）は人の大脳のさまざまな領域を刺激して，中心溝前方の一次運動野と後方一次体性感覚野の体性地図（ホムンクルス；小人間像）の存在を仮定し，大脳皮質の機能局在性を明らかにしました（図5.4）。

　大脳の奥深くにある尾状核，被殻からなる大脳基底核の外側を取り巻く辺縁

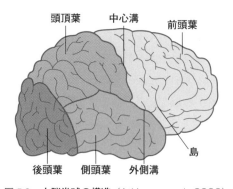

図5.3　大脳半球の構造（Atkinson et al., 2000）

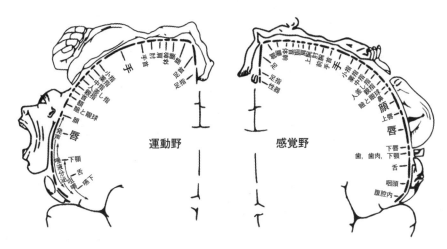

図 5.4　**大脳皮質運動野と感覚野における体部位機能局在**（Penfield & Rasmussen, 1950）

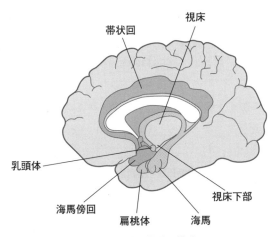

図 5.5　**大脳辺縁系の構造**

系（海馬や帯状回など）とその基底核（扁桃体など），一体となって機能する
視床下部（視床下部には大脳辺縁系に含まれない場合もあります）を**大脳辺縁
系**といいます（**図 5.5**）。ここは，情動や意欲，記憶，自律神経，摂食行動，
性行動などの機能を担っています。また，視床下部では**概日リズム（サーカ**

ディアンリズム）の形成にも関係しています。

5.3　情動の起源

　情動は，英語の emotion に相当する用語で情緒とも訳されます。情動とは特定の刺激によって引き起こされる怒りや悲しみ，喜びなど，急激に生じて短時間で終わる比較的強い感情をいいます。同じような用語として感情（feeling），気分（mood），情操（sentiment）などがあります（表5.2）。イザードとダファーティ（Izard & Dougherty, 1980）は**基本的感情**として，喜び，驚き，興味，恐れ，怒り，苦痛，嫌悪，恥，軽蔑の9種類を設定し，**表情分析システム**を開発しています（図5.6）。一方，プルチック（Plutchik, 1986）は基本的情動について受容と憎悪，恐れと怒り，喜びと悲しみ，驚きと期待の対応する8種類をあげ，強さの程度を加えて3次元立体モデルを提唱しました（図5.7）。

　それでは，この情動はどのようにして生じるのでしょうか？　私たちは悲しいから泣くのか，それとも，泣くから悲しいのでしょうか？　この問題に対する理論を紹介します。ジェームズ（James, W.）とランゲ（Lange, C.）は情動の**末梢起源説**として，情動の起源は身体的反応によるものであると考え，身体的反応を意識的に知覚すること，つまり，泣くから悲しいという考えを提唱しました。それに対して，キャノン（Cannon, W.）とバード（Bard, P.）は情動

表5.2　**情動に関する用語**（宮本，1977）

感情 （フィーリング）	広義：快-不快を基本の軸として感じる主観的経験の総称。 狭義：環境に順応的に応じる比較的穏やかな主観的経験。
情緒 （エモーション）	喜び，悲しみ，驚き，恐れ，怒りなどに代表されるように，主観が強くゆり動かされた状態（その意味で情動という用語を当てるほうがよいとする説もある）。 生理的変化（内分泌腺や内臓諸器官の活動の変化）を伴う。 表情や行動に表出される傾向が多い。
気分 （ムード）	情緒や狭義の感情に比べ，もっと持続的な内的経験をさす。 気質や性格特性と関係が深い。
情操 （センチメント）	道徳，芸術，宗教，科学など文化的価値を含む主観的経験をさす。 判断力，感知力など経験や学習と関係が深い。

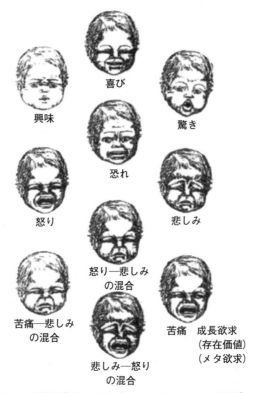

図 5.6 **表情分析システム** (Izard & Dougherty, 1980)

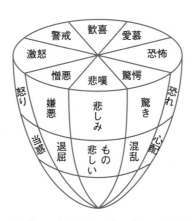

図 5.7 **情動の3次元立体モデル** (Plutchik, 1986)

の視床下部起源説を唱えました。それは，特定の刺激により視床下部が活性化
し，その興奮情報が骨格筋や自律神経系に送られて，身体的反応が生じると同
時に大脳皮質にも送られ情動体験が生じるというものです。また，シャクター
（Schachter, S.）とシンガー（Singer, J.）は情動の 2 要因説を提唱し，情動は
身体反応による生理的な喚起とその原因の認知的な解釈の相互作用で生じると
考えました。つまり，情動は身体反応を知覚するだけでなく，身体的反応の知
覚と，その身体反応の原因を説明するためにつけた認知解釈の両方があって生
じると考えました。なお，情動の神経科学的基盤としては扁桃体によって基本
情動の検出，認知，出力が関係していると考えられています。

5.4　脳機能計測技術

　ニューロンが集団で示す電気活動を，電位を縦軸，時間を横軸に記録したも
のが脳波（electroencephalogram；EEG）です。覚醒中の脳波は振幅の小さい
波（14 〜 60Hz）が主流で β（ベータ）波といいます。それよりもう少し大き
く遅い波（8 〜 13Hz）は α（アルファ）波といいます。うとうと眠り始める
と α 波より振幅が大きく速度の遅い波（4 〜 7Hz）θ（シータ）波が現れ，熟
睡状態になると θ 波よりもさらに振幅が大きく速度が遅い波（4Hz 以下）の δ
（デルタ）波が現れます。つまり，脳の活動水準が低下すると，振幅が大きく
速度が遅くなります（図 5.8）。睡眠中に目がキョロキョロ動いたり，手足が
痙攣したりして，覚醒時のような脳波が示されることがあります。この睡眠を
逆説睡眠，もしくはレム睡眠（Rapid Eye Movement sleep；REM sleep）とい
い，δ 波が出現しているノンレム睡眠と比べると浅い眠りになります。レム睡
眠とノンレム睡眠の出現サイクルは約 90 分といわれていて，その倍数で起床
すると心地よく起きることができます。

　脳波は多くの同時進行の脳活動が反映されるため，思考や認知など，ある刺
激に対する脳の反応を見るためには，同じ刺激を 100 回以上繰り返し反復提示し，
そのときの脳波を加算平均する事象関連電位（Event Related Potential；
ERP）を分析する場合があります。事象からおよそ 300ms 以降に頭頂葉に現

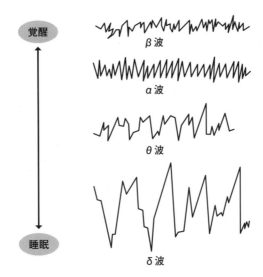

図 5.8 **覚醒から睡眠にかけての脳波変化**（井上，1988）

れる最大振幅で有名な P300 は注意と関係があると考えられています。

　ニューロンの活動を**局所血流変化**から測定する方法として，放射性同位元素を体内に注入しガンマ線の脳内分泌を計測する**陽電子放射断層撮影装置**（Positron Emission Tomography；PET）や，血液中に含まれるヘモグロビンの磁性の変化を利用する**機能的磁気共鳴画像**（functional Magnetic Resonance Imaging；fMRI），近赤外光を用いた**近赤外光スペクトロスコピー**（Near-Infrared Spectroscopy；NIRS）などがあります。NIRS は約 800nm の近赤外光を頭部に 3cm 間隔で照射と検出を行い，血流量の変化を計測するものです。この方法はより日常に近い環境で計測できるため，体内に放射性物質を注入する PET とは異なり，体に傷をつけずに計測することができる**非侵襲的**もしくは無侵襲的に脳内部の機能を測定することができる**脳機能計測装置**と考えられています。

5.5　高次脳機能障害とその支援

　人間の脳は損傷を受けると，言語や思考，視覚などの高次脳機能に障害が生じます。損傷部位により，特定の機能のみが障害されることが多く見られます。厚生労働省（2002）によると，**高次脳機能障害**とは外傷性脳損傷，脳血管障害等により脳に損傷を受け，その後遺症等として生じた**記憶障害，注意障害，社会的行動障害**などの認知障害等を指すものであり，具体的には，「会話がうまくかみ合わない」「段取りをつけて物事を行うことができない」等の症状があげられています（表5.3）。高次脳機能障害は，日常生活において大きな支障をもたらす場合がありますが，一見してその症状を認識することが困難なことから，家族や関係者の間に十分な理解が得られにくいといわれています。

　高次脳機能障害としては，生活していく上で起こるさまざまな問題を解決していく能力に障害が示される**遂行機能障害**，左半球前頭葉のブローカ領野，もしくは左半球側頭葉のウェルニッケ領野の損傷によりことばを話せなくなった

表5.3　**主な高次脳機能障害**（渡邊ら，2009）

障害名	具体的症状
注意障害	すぐに飽きる。
遂行機能障害	1日の予定が立てられない。
記憶障害	数日前の出来事を思い出せない。
失語症	ことばがうまく話せない，理解できない。
半側空間無視	おかずの半分を残す。
地誌的障害	よく道に迷う。
失認症	櫛を見ても何に使うのかわからない。
半側身体失認	麻痺している上下肢に注意が払われない。
失行症	お茶の入れ方を忘れてしまった。
行動と感情の障害	抑うつ状態：気分が落ち込みがち。 幻覚妄想：現実にはないものが見える，聞こえる。 興奮状態：些細なことで興奮する。 意欲の障害：やる気がない。 情緒の障害：暴言，暴力，衝動的。 不安：心配ばかりしている。 その他

り，理解できなくなる**失語症**（詳しくは第4章参照），地理や場所がわからなくなる**地誌的障害**，視覚野の損傷により，見たり触ったりしたものが何であるか思い出せない**失認症**，手や指に問題がないのに，食事や字を書くなどの行動ができなくなる**失行症**などがあります。

高次脳機能障害の原因はほとんどの人が脳梗塞や脳出血，くも膜下出血などの脳血管障害によるものです。また，交通事故などの脳外傷や窒息などの低酸素脳症，正常圧水頭症などにより発症する場合もあります。高次脳機能障害は外見からはわかりにくく，「見えにくい障害」「隠れた障害」などといわれますが，実際の生活や社会に戻るとさまざまな問題が生じ，障害が明らかになります。

地方自治体では地方拠点病院等を指定し，高次脳機能障害を有する方の治療やリハビリテーション，**社会復帰**などのための支援が実践されています。例えば，回復期リハビリテーションでは治療が安定したあとに機能障害のある患者が日常生活動作の向上を図るための生活訓練をしたり，就労に向けた就労移行支援を受けることができます。

■ 第5章のポイント！

1. 中枢神経と末梢神経について整理して覚えましょう。
2. 大脳の機能局在性について領域とその機能を整理しましょう。
3. 情動の起源に関する理論を覚えましょう。
4. 非侵襲的脳機能計測装置の名称を覚えましょう。
5. 高次脳機能障害による脳の損傷領域と機能障害について理解しましょう。

社会と関わる心
〈社会・集団心理学〉

6.1　社会的な存在としての人

　私たちは日々多くの人と関わり，社会を形成して生活しています。他者や社会との関わりは時に煩わしさも伴いますが，関わりをまったくもたずに完全に孤立して生活することは不可能です。「社会的動物」ともいわれるように，人は基本的に社会的な存在なのです。では，私たちは眼前に広がる社会をどのようにとらえているのでしょうか。他者との関わりの中でどのように影響し合うのでしょうか。集団や社会から私たちはどのような影響を受けるのでしょうか。本章では，これらの問いに答えるようにして，社会と関わる人の心の仕組みを見ていきます。

6.2　社会的認知——社会をとらえる心の働き

　私たちが生活する社会には，他者の行動や特定の事柄に関する意見など，多種多様な情報があふれています。こうした社会的な情報を解釈し，判断や行動に結びつける心理過程を**社会的認知**と呼びます。社会的認知の対象は，自己や他者，社会的な出来事など，多岐にわたります。

6.2.1　自己の認知

　自分はどんな人物であるかを考えるとき，考えているのは「自分」であり，その対象となっているのもまた「自分」です。つまり，「自分」は考えるという行為の主体にも対象にもなります。自己とは主に対象としての自分を指し，

自分はこういった人物だととらえた内容を自己概念と呼びます。自己概念には，過去に経験した具体的なエピソードや，性格（パーソナリティ）や能力といった個人属性など，多様な情報や知識が含まれています。「私は日本人だ」「私は〇〇大生だ」というように，社会的カテゴリーや集団の一員として自己をとらえることもあります（社会的アイデンティティ）。また，自己概念には，他者が自分について抱いている印象に基づいて形成される側面もあります（社会的自己）。

　自己は評価の対象にもなります。人には，自分についてよい感情をもちたい，価値のある人間だと思いたいという自己高揚動機が備わっているため，自己評価は肯定的になりがちです。例えば，車の運転に関して，93％の人が「自分は平均よりもうまい」と答えたという研究報告があります（Svenson, 1981）。論理的に考えれば平均以上のうまさとなるのは約50％ですから，この結果は多くの人が実際よりも肯定的に自己評価していることを意味します。このように，半数以上の人が「自分は平均よりも上」ととらえる現象を平均以上効果といいます。さらに，出身地が同じなど，自分とつながりのある他者が成功を収めると，そのつながりをアピールすることもあります。栄光浴と呼ばれるこの現象も，人に自己評価を高めようとする傾向が備わっていることを示しています。

6.2.2　対人認知

　対人認知は，他者に関して得られた情報からその人物の性格や能力などについて推測する心理過程を指します。対人認知は，印象形成を主として研究が積

表 6.1　アッシュが用いた性格特性語

リスト A	リスト B
知的な	知的な
器用な	器用な
勤勉な	勤勉な
あたたかい	つめたい
決断力のある	決断力のある
現実的な	現実的な
注意深い	注意深い

み重ねられています。その古典的な研究としてあげられるのが，アッシュ
（Asch, 1946）が行った実験です。アッシュは，表 6.1 のような性格特性語の
リストを作成しました。そして，ある人物の性格であるとして，半分の実験参
加者にはリスト A の語を，残り半分の実験参加者にはリスト B の語を見せ，
人物の印象を書いてもらいました。その結果，リスト A を見た参加者たちの
ほうが，「社交的な」，「人がよい」といったポジティブな印象を答えていまし
た。リスト A と B で異なっていた「あたたかい」と「つめたい」のたった 1
つの特性語が，印象に大きく影響したわけです。アッシュは，「あたたかい」
「つめたい」のように，印象に大きな影響を与える特性を中心特性と呼び，他
者に関する全体的な印象はこれを中心として形成されると考えました。

　アッシュの実験では，他者の印象の手がかりとして性格特性が示されました
が，日常では他者の性格特性に関する情報が直接得られない場合もあります。
こうしたときでも，他者の言動から性格特性を推測すること（特性推論）はで
きます。電車でお年寄りに席を譲る様子から親切な人だと推測するといった具
合です。しかし，特性推論には，行動に対応した性格特性を過度に推測しやす
いという，対応バイアスと呼ばれる歪みが生じやすいことが知られています。
例えば，席を譲ったのは，隣の人から譲るように言われたからかもしれません。
あるいは，次の駅で降りようとしただけかもしれません。対応バイアスは，行
動に対応する特性は瞬時に推測できる一方で，行動の背景や状況にはなかなか
注意が向けられないため生じると考えられています（Gilbert & Malone, 1995）。

　対人認知では，性別や年齢といった社会的カテゴリーに関する情報が手がか
りとして用いられることもあります。特に，他者を正確に知ろうとする動機づ
けが低いときにはカテゴリー情報が利用されやすくなります。その場合，「女
性は数学が苦手」といったステレオタイプ（集団や社会的カテゴリーに関する
イメージ）により，対人認知は歪みやすくなります（Fiske & Neuberg, 1990）。

6.2.3　社会的な事象の認知

　特性推論は他者の言動から性格特性を推測する心の働きですが，言動の原因
が行為者の性格特性にあると考えることと言い換えることもできます。他者の

表6.2　帰属の歪みとその例

歪みの名称	定義	事例
基本的帰属の誤り（対応バイアス）	行為の原因を内的要因に過度に求め，外的要因を過小視すること。	俳優が意地の悪い役を演じるのを見て，意地が悪い人だと思ってしまう。
行為者―観察者バイアス	他者の行為は内的要因に，自己の行為は外的要因に帰属すること。	他者が悪い成績をとったときは勉強不足だったからと考え，自分が悪い成績をとったときは運が悪かったからと考える。
自己奉仕的バイアス	自分が成功したときは内的要因に，失敗したときは外的要因に帰属すること。	成績がよかったときは自分が努力したからと考え，悪かったときは教師の教え方が悪かったからと考える。

　言動に限らず，社会的な事象や出来事の原因を同定しようとする心の働きを帰属といいます。人の行為の原因は主として，性格や態度など行為者の内部にある要因（内的要因）か，状況や運など行為者の外部にある要因（外的要因）に帰属されます（Heider, 1958）。帰属には，**表6.2**に示すような歪み（バイアス）が生じることが知られています。

　社会的な事象に対して，私たちは「好き―嫌い」や「賛成―反対」で反応することもあります。特定の対象に対するこうした評価を**態度**といいます。ハイダー（Heider, 1958）は，自分（P）と対象（X），そして対象に関連する他者（O）の三者を想定し，態度は三者間の関係が全体として均衡状態となるよう形成される（あるいは変化する）とする**バランス理論**を提唱しています。この理論では，各関係は肯定的（＋）か否定的（－）かで表され，各関係の積がプラスであれば均衡状態，マイナスであれば不均衡状態であるとされます。例えば，自分（P）と友人（O）が，共にあるスポーツチーム（X）を好きであれば均衡状態となり，関係は安定します（**図6.1左**）。一方で，自分（P）はこのチーム（X）が嫌いだが，友人（O）はこのチーム（X）が好きであれば不均衡状態となり，関係は不安定になります（**図6.1右**）。この場合，どちらかのプラス・マイナスの関係を変化させ，均衡状態となるように圧力がかかります。

　他者がある対象に対して自分とは異なる態度をもつとき，他者は自分の態度を変化させようと説得してくるかもしれません。説得は他者との間で生じる**コミュニケーション**の一つですが，しっかりとした強い根拠を提示して説得すれ

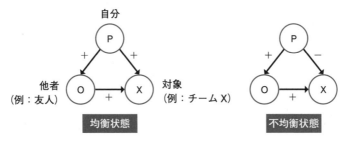

図6.1　バランス理論の均衡状態と不均衡状態の例

ば成功しやすいというものではありません。なぜなら，私たちは自分の態度を変化させるかどうかをしっかりと考えて決定する場合（中心ルート）もあれば，あまり考えずに決定する場合（周辺ルート）もあるからです（**精緻化見込みモデル**；Petty & Cacioppo, 1986）。中心ルートがとられる場合は根拠の強弱が説得の成否を左右しますが，周辺ルートでは根拠の強弱（質）ではなく，根拠の数（量）が説得の成否を左右するようになります。

6.3　対人関係——人と人のつながり

　ここまで，私たちが社会をどうとらえるかという，個人の心の内側（**個人内過程**）を見てきました。ここからは，人と人のつながりに視点を移しましょう。本節では個人と個人の関わり（対人関係）に，次節以降で集団や社会といった，より多くの人とのつながりに着目して，その中で展開される心の働きを見ていきます。

6.3.1　他者と関係をもつことの意味

　他者との関係は，面倒なものでもあります。相手のことを考えて行動しなければならない場面もありますし，喧嘩をすることもあります。恥ずかしいとか罪悪感といった，他者との関係の中で生じる**社会的感情**も経験します。対人関係のこうした面はストレス（**対人ストレス**）になることもあります。

　対人関係にはこうした負の側面があるのも事実ですが，それでも私たちが他

者と関係をもち，その関係を維持させようとするのは，そこにプラスの側面があるからでしょう。他者と協力したり，助け合ったりすることで，1人では到底なし得ないことも達成できるようになります。そもそも人は1人では生きていけません。そのため，人は他者と関わりをもちたいという欲求（所属欲求）を持ち合わせています。所属欲求は根本的な**社会的動機**（他者が何らかの形で関わるような動機）の一つと考えられており（Leary & Baumeister, 2000），こうした動機が他者と関わろうとする人の性質を生み出しているといえるでしょう。

6.3.2　対人関係の親密化

　私たちは多くの人と関係をもちますが，その中には表面的な関係もあれば，親友や恋人といった親密な関係もあります。では，**親密な対人関係**はどのようにして築かれるのでしょうか。私たちは，他者を助ける，他者を攻撃する，他者と交渉するなど，さまざまな他者指向的な行動をとります。こうした**対人行動**のうち，対人関係が親密なものとなる過程において大きな役割を果たすのは，自分のことを他者に伝えること，すなわち**自己開示**です。

　他者に自分の経験や内面的なことを知ってもらうことで，関係は親密なものになっていきます。ただし，とにかく自己開示すれば関係が親密になるかといえば，そうでもありません。知り合って間もないのに深刻な悩みを打ち明けられても，打ち明けられた側は困ってしまうでしょう。関係初期の深すぎる自己開示は関係を親密にするどころか，逆に嫌われてしまう傾向にあります（Kaplan, Firestone, Degnore, & Morre, 1974）。相手との親密度に応じた自己開示が関係を深めることにつながります。また，自己開示には返報性があり，自己開示を受けたらそれと同程度の自己開示を相手に返す傾向があります。関係が親密になりやすいのは，こうした双方向の自己開示が成立しているときであることが示されています（Miller & Kenny, 1986）。

　他者に自分のことを伝えようとするとき，自分はこのような人だという印象を抱かせることを狙って，自分の特定の側面を選び取って相手に伝えることがあります。このように，自分を相手に"見せる"行為を**自己呈示**と呼びます。

自己呈示の方略は多岐にわたりますが，例えば他者を叱ることもその一つになり得ます。中学校や高校には，生徒をよく叱る怖い先生，厳しい先生がたいてい一人はいますが，もしその先生が，指導を効果的に行うために怖いあるいは厳しい先生だと思われようとして叱っているのなら，叱るという行為は自己呈示にあたります。前節で説明した栄光浴も，自分に対する評価を上げることを狙った行為と考えられますので，自己呈示の方略として位置づけられます。自己呈示は自分を演出する要素が含まれるため，うまくいけば狙った印象を相手がもってくれますが，演出しているのがばれてしまうと逆効果になります。怖い先生だと思われようとして叱っていることに生徒が気づいてしまったら，叱る行為も迫力に欠け，狙った先生像は得られなくなってしまうでしょう。

6.3.3　対人関係の維持

　他者との関係では，自分の行動は相手の行動の影響を受けますし，相手の行動も自分の行動の影響を受けて変化します。例えば，AさんとBさんがいて，AさんはBさんに勉強を教えてもらったとします。このとき，Aさんは勉強の理解度が増すでしょうから，「報酬」を得たといえます。一方，Bさんは自分の時間をAさんのために提供していますから，「コスト」を払っているといえます。そして勉強が終わったら，AさんはBさんに何かお礼をすると思われます。このときは，Aさんは「コスト」を払い，Bさんは「報酬」を得ることになります。このように，関係の中で互いが影響し合う**対人的相互作用**は，報酬とコストの交換過程と見なすことができます。

　では，互いの報酬とコストがどのような状態のときに，関係は維持されやすいのでしょうか。ウォルスターら（Walster, Berscheid, & Walster, 1976）は，報酬とコストの比率（報酬÷コスト）で表される利得が二者間で等しい状態（衡平状態）のときに関係は維持されやすいとする，**衡平モデル**を提唱しています。**図 6.2** に示されているように，衡平状態にある関係からは満足感が得られるため，その関係は維持されやすくなります。不衡平な状態には自分が得をしている場合と損をしている場合がありますが，いずれにしても関係からネガティブな感情が生起することになり，関係は維持されにくくなってしまいます。

自他の利得の比較		関係の衡平性		感情反応
自分の利得 ＝ 相手の利得	⟶	衡平状態	⟶	満足・喜び
自分の利得 ＞ 相手の利得	⟶	不衡平状態	⟶	罪悪感
自分の利得 ＜ 相手の利得	⟶	不衡平状態	⟶	不満・怒り

図 6.2　対人関係における衡平性と感情反応（衡平モデル）

　しかし，衡平モデルが想定するような報酬とコストの交換からはとらえられない関係も存在します。例えば，**夫婦関係**や**家族関係**がそうです。こうした関係は共同的関係と呼ばれ，利得やその衡平性ではなく，一体感が重視されると考えられています（Clark & Mills, 1979）。

6.4　集団過程——集団の中の個人

　私たちは，気の合う友人からなるグループの一員として，クラスの一員として，家族の一員としてなど，さまざまな**集団**に所属して普段の生活を送っています。日本人や○○県民といった社会的カテゴリーや，学校や職場といった**組織**も，個人が所属する集団としての側面をもっています。前節では主に一対一の関係を想定して，対人関係の中で生じる心の働きを見てきましたが，ここでは集団の中で生じる心の働きに着目します。以下，「一対多」の関係上で生じる影響（**集団内過程**）と，「多対多」の関係上で生じる影響（**集団間過程**）に分けて，集団が及ぼす影響を見ていくことにします。

6.4.1　集団内過程

　対人関係においては，相手の態度を変えようと説得したり，相手に要請して何かをしてもらったり，意図的に個人の判断や行動を変化させようと働きかける場面が多々あります。集団内ではこうした働きかけに加え，その集団で形成される規範も個人の判断や行動に影響します。なお，個人レベル，集団レベルを問わず，周囲の影響を受けて判断や行動が変化することを**社会的影響**といいます。

　日常的に経験することの多い集団規範の影響として，**同調**があげられます。

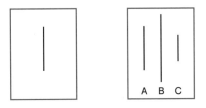

図6.3 アッシュの実験で用いられた実験刺激の例

　誰しもが，周りの人の意見に合わせて自分の意見を変えた経験があるでしょう。
同調は，何が「正解」であるかがわからず，自分の意見に確信をもてないとき
はもちろんのこと，明らかに「正解」がわかるようなときでも生じ得ます。こ
のことを示した実験として有名なのが，アッシュ（Asch, 1951）の実験です。
実験参加者は，図6.3のような2枚のカードを見せられ，「左側のカードの直
線と同じ長さなのは，右側のカードにある3本の直線のうちどれでしょうか」
と問われます。この場合，正解は「A」です。間違いようがありませんね。と
ころが，実験では奇妙なことが起こります。実験は8人1組で行われ，一人ひ
とり順番に答えてもらうのですが，自分以外の全員が「B」と答えるのです。
実は，8人の中で本当の実験参加者は1人だけで，他の7人は実験協力者（サ
クラ）であり，あらかじめ同じ“間違い”をするように実験者から指示されて
いたのです。アッシュは，本当の実験参加者が周りに合わせて間違った答えを
言うかどうかを調べました。その結果，全体の32％で周りに同調して間違っ
た答えを言ってしまうことが明らかになりました。
　同調以外にも，個人状況と集団状況で私たちの判断や行動の様相が異なるこ
とは多々あります。表6.3にその一端をまとめました。これらの現象やアッ

表6.3 集団の影響力を示す現象の例

現象	現象の説明	事例
社会的手抜き	誰かと一緒に作業を行うときに手を抜くこと。	グループワークで，（誰かがやってくれるだろうと思って）真剣に取り組まない。
服従	社会的勢力をもつ個人や集団の命令に従うこと。	組織の上からの指示で，不道徳的な罰を与える（例：ホロコースト）。
集団極性化	集団の意思決定は個人の決定より極端になりやすい。	会議での議論の結果，リスクの高い戦略が選ばれる（リスキーシフト）。

シュの実験は，人が集団の影響を受けやすい存在であることを示しているといえるでしょう。

6.4.2　集団間過程

　私たちは「自分は○○集団の一員だ」と，所属している集団（内集団）に自分を同一視することがあります（社会的アイデンティティ）。自己を集団に同一視すると，内集団に好意的な態度をもち，他の集団（外集団）よりも内集団を優遇しようとする**内集団ひいき**が見られるようになります（Tajfel, Billig, Bundy, & Flament, 1971）。さらに，内集団と外集団が競争関係にある場合は，外集団に対して敵意が芽生え，偏見や差別が生まれやすくなります。偏見や差別は，お互いのことを知ること（集団間接触）によって解消することもありますが，接触の仕方によっては逆に強くなってしまうこともあります。

　集団間葛藤の発生と解消をダイナミックに示したことで有名なのが，シェリフら（Sherif, Harvery, White, Hood, & Sherif, 1961）が行った実験です。この実験は，Robbers Cave というキャンプ場で行われたことから，俗に泥棒洞窟実験と呼ばれます（サマー・キャンプ実験と呼ばれることもあります）。実験では，11歳の少年24人が2つの集団に分かれ，キャンプ場で共同生活をスタートさせます。しばらくして集団としてのまとまりが出てきた頃，集団対抗で野球やテント張りを行わせ，両集団を競わせます（競争関係の導入）。すると，相手集団に対して敵対意識をもつようになり，互いに罵り合ったり，相手集団を攻撃したりするようになりました。

　次に，集団間に生じた葛藤を解消しようとして，両集団が交流する機会が設けられました。具体的には，一緒に花火や食事をするイベントを開催したのですが，こうした交流は集団間葛藤を解消するどころか，むしろ強めてしまう結果となりました（花火を投げつけ合うなど）。そこで，今度は交流するのではなく，両集団が協力しなければ解決できないような事態（例：貯水タンクが壊れて，修理しなければ水が手に入らない）を作り出し，問題の解決にあたらせました（上位目標の導入）。すると，いがみ合っていたのが嘘のように，相手集団に対する敵対意識はなくなり，集団間の関係は良好なものに変化しました。

　泥棒洞窟実験の結果は，①競争関係にある集団間には差別が生まれやすいこと，②差別を解消するには単に交流・接触するだけでは不十分であり，③達成すべき共通の目標（上位目標）の下で互いに協力することが重要であることを示しています。集団間の対立や，偏見・差別の問題は現代社会でも多く残っていますが，泥棒洞窟実験から得られた知見は，こうした問題の理解や解決にも資する部分があるでしょう。

6.5 社会・文化と心の相互作用

　ここまで，対人関係や集団の中における個人の行動の特徴や影響過程を見てきました。人と人のつながりをさらに広げれば，そこには社会があります。本章の最初で述べたように，人は社会的な存在であるため，社会と切り離して個人の考えや行動をとらえることはできません。社会と同様，文化もまた個人の考えや行動と密接に関わっています。

6.5.1　社会と心の相互作用

　人は他者とつながり，その他者もまた誰かとつながっています。つながりを線として，人を点として表せば，網状の図形が浮かび上がります。このように，人と人のつながりはソーシャルネットワーク（社会的ネットワーク）としてとらえることができます。

　ソーシャルネットワークの中には，結束的につながっている部分（強い紐帯）もあれば，緩くつながっている部分（弱い紐帯）もあり，それぞれが個人にもたらす恩恵は異なります。家族や気の合う友人グループが強い紐帯の典型ですが，こうした紐帯は，自分は何者であるか（アイデンティティ）の源泉になります。また，強い紐帯には，慰めや癒し，問題解決の助けといった「支え」（ソーシャル・サポート）が得られやすいというメリットがあります。一方，弱い紐帯には真新しい情報や機会（例えば転職の機会）が得られやすいという性質があり，情報伝播における機能性が強い紐帯よりも高いと考えられています（「弱い紐帯の強さ」仮説；Granovetter, 1973）。

　社会と個人の関係では，個人レベルで見れば大きな問題ではないようなことであったとしても，その集積によって社会全体では大きな問題となってしまうことがあります。例えば，交通量の多い高速道路で自分の車の目の前で急に車線変更して入ってこられたら，ブレーキを踏んで車間距離を空けます。すると，自分の後ろを走る車もブレーキを踏みます。そして，その後ろも，そのまた後ろもブレーキを踏みます。結果，**集合現象**として渋滞が発生してしまい，多くの人（社会）が迷惑を被る事態となってしまいます。

　渋滞もそうですが，多くの社会的問題の背景には，**社会的ジレンマ**があると考えられます。社会的ジレンマは，個人が目先の利益を追求した結果，社会全体の利益が損なわれてしまうような事態を指します。より正確には，社会的ジレンマは以下のように定義されます（山岸，2000）。

(1) 一人ひとりは，協力行動か非協力行動のどちらかをとります。

(2) 個人にとっては，協力行動よりも非協力行動をとるほうが利益を得ることができます。

(3) しかし，全員が非協力行動をとると，全員が協力行動をとった場合よりも，利益は少なくなります。

　例えば，XさんとYさんの2人からなる社会があり，その社会で水産資源の保全が目指されているとします。漁獲量を抑える行動は協力行動，乱獲は非協

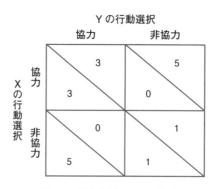

図6.4　**社会的ジレンマの構造**
各セルの左下はXが得る利益，右上はYが得る利益を表し，セルの合計が社会全体の利益を表す。

力行動になります。こうした社会状況におけるジレンマの構造は，**図 6.4** のように表せます。社会的ジレンマが，資源の保全や環境問題の解決を困難にしていることが理解できるでしょう。

6.5.2 文化と心の相互作用

国内であれ海外であれ，普段生活しているところから離れた土地へ行くと，考え方や習慣，行動パターンの違いに気づかされることがあります。こうした気づきは，私たちに文化の違いを意識させます。

文化の違いとして多くの人が思い浮かべるのは，**個人主義**と**集団主義**でしょう。個人主義は，個人的な達成を重視し，集団の目標よりも個人の目標を優先させる考え方を指します。一方，集団主義は，協調性や調和を重視し，個人の目標よりも集団の目標を優先させる考え方を指します。一般に，日本は集団主義的な文化としてとらえられがちですが，53 の国や地域を対象としたオフステード（Hofstede, 1991）の調査によると，日本は個人主義的なほうから数えて 22 番目，つまり個人主義と集団主義の次元上の真ん中あたりに位置しています。

マーカスと北山（Markus & Kitayama, 1991）は，文化的な価値観や習慣によって異なる自己のとらえ方を**文化的自己観**と呼び，相互独立的自己観と相互協調的自己観を区別しました。相互独立的自己観は，他者や集団，文脈から切り離して自己をとらえる傾向を指し，「いつでもどこでも，自分は自分」といった感覚を生じさせます。相互協調的自己観は，他者や集団，文脈と結びつけて自己をとらえる傾向を指し，「家にいるときの自分と仕事をしているときの自分は違う」といった感覚を生じさせます。マーカスと北山は，欧米では相互独立的自己観が，日本を含む東アジアでは相互協調的自己観が見られやすいことを見出しています。

このように，文化には心を作るという側面があります。一方で，文化は人々によって作られるものでもあります。したがって，文化と心の間には双方向的な影響過程が存在します。また，当然ながら，同じ時代，同じ文化に生きる人々すべてが，同じ価値観や考え方をもっているわけではありません。文化と

心の間には関係がありますが，それは決して固定的なものではないことに注意が必要です。

第6章のポイント！

1. 自己や他者，社会的な出来事を理解する心の仕組みや，その際に生じる歪みを理解しましょう。
2. 対人関係がどのように親密になり，どのような場合に維持されやすいかを理解しましょう。
3. 集団内・集団間状況における人の判断や行動の特徴を理解しましょう。
4. 個人の心が社会や文化とどのようにつながっているかを理解しましょう。

現代家族の関係性と課題
〈家族心理学〉

7.1 家族とは何か

7.1.1 現代家族の特徴

1. 家族の定義

　フリードマン（Friedman, M.）は，家族を「家族とは絆を共有し，情緒的な親密さによって互いに結びついた，しかも，家族であると自覚している2人以上の成員である」と定義しています。また『新社会学辞典』では「家族とは夫婦（親）・子の結合を原型とする感情的包絡で結ばれた第一次的福祉志向集団である」とも定義されています。

　いずれの定義においても「絆」や「感情的包絡で結ばれた」という心のつながりを重要視しているのがわかります。ただし，その前提として「夫婦」という婚姻で結ばれた関係，あるいは「親子」という血のつながりを象徴するような関係を有していることが求められているのも事実です。

　「家族」とともによく使われる用語として「世帯」があります。「世帯」は「世帯とは居住生計をともにする人々の集団をさす。一般に世帯は家族と合致する場合が多いが概念としては別である」と前出の『新社会学辞典』に示されています。言い換えるならば，「世帯」の重要な構成概念は「居住生計をともにする」ことであって，一緒に住んでいることが条件になるといえます。しかし「家族」の場合は離れて住んでいたとしても家族であることには変わりありません。

　近年では，夫婦関係における多様性の問題や，血縁によらない親子関係など新しい家族関係も認知される傾向にあり，新たに「家族」の定義を再検討しな

表7.1　「家族」の類型 (池田, 2013)

(1) 形態による分類 　単一家族：一つの世帯家族だけのもの。 　複合家族：複数の世帯からなる家族。 **(2) 家族の構成メンバーによる分類** 　核　家　族：夫婦とその子どもからなるもの。 　直系家族：長男など家系を継ぐ子どもの家族に親が同居しているもの。 　複合家族：親戚や子の配偶者とその子ども（おじ・おば，いとこ等）など，複数の 　　　　　　家族が同居するもの。 **(3) 構成員の関係からの分類** 　定位家族：原家族ともいい，自分（子どもとしての立場から）の「生まれた家」に 　　　　　　あたる家族のこと。親子という関係軸により分類される。 　生殖家族：婚家族，すなわち結婚し夫婦となった当事者の家族のことであり，次世 　　　　　　代をつくるという機能に注目している。

ければならない状況になっています。

2. 家族の機能

　「家族」のその機能についてフリードマンは情緒機能，社会化と社会付置機能，生殖機能，経済的機能，ヘルスケア機能の5つに分類しています。また，ビーバーズ（Beavers, R.）とハンプソン（Hampson, R. B.）は有能性・凝集性・指導性・情緒表出性などの機能をあげています。家族の機能は基本的には生命の維持と生活の維持にその基本を置くと考えられ，さらに家族成員の成長と社会化に向けて援助するところにその本質があると考えられます。

　柏木（2003）は家族の機能を対内的機能（生理的欲求充足や子の養育），対外的機能（労働力の提供，再生産機能や消費機能など）に分け，家族の機能はその時代の家族観を反映していると指摘しています（**表7.1** 参照）。

7.1.2　家族の変化

1. 家族観の変遷

　以下，わが国における「家族」の歴史的変遷について簡単に触れておきます。

　日本の家族は，伝統的に「家」を原型として，独特の歴史と文化を保ってきました。しかし一般庶民に「家」の概念が導入されたのは，明治時代における武士階級をモデルとした旧民法による家族制度とされています。絶対的な権限

をもつ家長を中心とした庶民レベルでの家制度はここから始まるといっても過言ではありません。しかし，西洋化，近代化の波が押し寄せ，生活スタイルに変化が起きてきます。家族の形態も，西洋思想に影響を受けたエリート層の経済活動の変化もあいまって，新しい「家」の概念が萌芽していきます。

　第二次世界大戦後，民法の改正に伴い，個人よりも「家」という器を大事にした考え方は否定され，家族成員個人が尊重されるようになっていきます。しかし，意外にも「専業主婦率」が最大になったのは高度成長期の1970年代といわれています。戦後の産業構造の変化と都市化が新しいタイプの家族を普及させ，「父親が外で働き，母親は専業主婦として家族の世話を一手に引き受ける」という近代的性別分業を完成させてしまうことになります。

　その後，女性が豊かな生活を維持するために専業主婦をやめ労働市場に参入するようになり，専業主婦率は低下していきます。また，社会構造や家族を取り巻く環境が大きく変化し，「家族の個人化」が進み，家族の紐帯が危ぶまれるような状態が危惧されるようになっていきます。

　袖井（1999）は21世紀の家族の方向性について，家族優先から個人優先へ，集団からネットワークへ，外的規制から主体的選択へ，家族単位から個人単位へ，自然発生から人為的努力へ，ケアリングからシェアリングへ変化していくと論じています。

2. 現代家族の形態と特徴

　現代家族の特徴を簡単にまとめると，核家族化，小家族化，家族意識の変化をあげることができます。

(1) 核家族化

　マードック（Murdock, G. P.）が初めて用いたことば"nuclear family"の訳として「核家族」が用いられています。「夫婦とその未婚の子からなる家族」のことを指しています。

　核家族は戦後日本の家族の変化を象徴するもので，「家制度」の否定による「家族不平等性」「家族連続性」を乗り越える新しい家族の形態と考えられます。結婚して親元を離れ独立し新たに家族を形成した結果，核家族率が高まることになります。しかし，同時に親世代からすると子どもとの同居は期待できず，

新たに高齢者問題への課題をもたらすことになります。

(2) 小家族化

　核家族には人数の規定はありません。子どもが多くても夫婦とその子からなる家族は「核家族」となりますが，「小家族」は家族規模の縮小を意味しています。2018（平成 30）年の平均世帯人数は 2.44 人となり，世帯規模も縮小が進んでいます。特に世帯ということで考えると，単身世帯，高齢者世帯の増加が進み，三世代世帯のような拡大世帯の減少が目立っています。

(3) 家族意識の変化

　表 7.2 のデータを見てみると，単身世帯や夫婦のみの世帯の割合が上昇しているのに対して，拡大家族世帯の割合が減少していることが示されています。しかし，表 7.3 を見ると 1920（大正 9）年の核家族率が 54％であるのに対して 2000（平成 12）年では 58.4％であり，その上昇は 4％強にすぎません。また最も核家族率が高かった 1965（昭和 40）年でも 62.6％で，その上昇も 10％に届きませんでした。

　この程度の変化ならば現代家族の特徴に「核家族化」を入れるのには疑問が生じますが，「出生率の低下」「平均寿命の延長」という 2 つの条件を考慮しなければなりません（表 7.4）。

　これまでの合計特殊出生率の最低は 2005（平成 17）年の 1.26 で，2018（平成 30）年の合計特殊出生率は 1.42 であり，過去最低の出生人数（91 万 8,397 人）となりました。また日本人の平均寿命は，2018（平成 30）年度簡易生命表によると男性は 81.25 年，女性が 87.32 年となり，長寿化が進んでいることが示されています。

　これらの現象は，実は本来ならば核家族化や小家族化を減らしていく要因として考えられます。日本の場合，長子がその家の跡をとり，長子以外の子どもたちは分家として独立し核家族を形成することが一般的でした。特殊合計出生率は 1925（大正 14）年には 5.11 であったものが 2018（平成 30）年には 1.42 と約 4 分の 1 まで低下し，単純に考えてもほとんどが長子でその家を継ぐことができることになります。

　平均寿命の延長の影響も大きく，三世代同居の家族であっても親世代は隠居

表7.2 世帯構造別，世帯類型別世帯数及び平均世帯人員の年次推移
（厚生労働省，2018）

			世帯構造							世帯類型				
		総数	単独世帯	夫婦のみの世帯	夫婦と未婚の子のみの世帯	ひとり親と未婚の子のみの世帯	三世代世帯	その他の世帯	高齢者世帯	母子世帯	父子世帯	その他の世帯	平均世帯人員
		推計数（単位：千世帯）												（人）
1986	（昭和61）年	37,544	6,826	5,401	15,525	1,908	5,757	2,127	2,362	600	115	34,468	3.22
'89	（平成元）年	39,417	7,866	6,322	15,478	1,985	5,599	2,166	3,057	554	100	35,707	3.10
'92	（4）	41,210	8,974	7,071	15,247	1,998	5,390	2,529	3,688	480	86	36,957	2.99
'95	（7）	40,770	9,213	7,488	14,398	2,112	5,082	2,478	4,390	483	84	35,812	2.91
'98	（10）	44,496	10,627	8,781	14,951	2,364	5,125	2,648	5,614	502	78	38,302	2.81
2001	（13）	45,664	11,017	9,403	14,872	2,618	4,844	2,909	6,654	587	80	38,343	2.75
'04	（16）	46,323	10,817	10,161	15,125	2,774	4,512	2,934	7,874	627	90	37,732	2.72
'07	（19）	48,023	11,983	10,636	15,015	3,006	4,045	3,337	9,009	717	100	38,197	2.63
'10	（22）	48,638	12,386	10,994	14,922	3,180	3,835	3,320	10,207	708	77	37,646	2.59
'13	（25）	50,112	13,285	11,644	14,899	3,621	3,329	3,334	11,614	821	91	37,586	2.51
'16	（28）	49,945	13,434	11,850	14,744	3,640	2,947	3,330	13,271	712	91	35,871	2.47
'17	（29）	50,425	13,613	12,096	14,891	3,645	2,910	3,270	13,223	767	97	36,338	2.47
'18	（30）	50,991	14,125	12,270	14,851	3,683	2,720	3,342	14,063	662	82	36,184	2.44
		構成割合（単位：%）												
1986	（昭和61）年	100.0	18.2	14.4	41.4	5.1	15.3	5.7	6.3	1.6	0.3	91.8	・
'89	（平成元）年	100.0	20.0	16.0	39.3	5.0	14.2	5.5	7.8	1.4	0.3	90.6	・
'92	（4）	100.0	21.8	17.2	37.0	4.8	13.1	6.1	8.9	1.2	0.2	89.7	・
'95	（7）	100.0	22.6	18.4	35.3	5.2	12.5	6.1	10.8	1.2	0.2	87.8	・
'98	（10）	100.0	23.9	19.7	33.6	5.3	11.5	6.0	12.6	1.1	0.2	86.1	・
2001	（13）	100.0	24.1	20.6	32.6	5.7	10.6	6.4	14.6	1.3	0.2	84.0	・
'04	（16）	100.0	23.4	21.9	32.7	6.0	9.7	6.3	17.0	1.4	0.2	81.5	・
'07	（19）	100.0	25.0	22.1	31.3	6.3	8.4	6.9	18.8	1.5	0.2	79.5	・
'10	（22）	100.0	25.5	22.6	30.7	6.5	7.9	6.8	21.0	1.5	0.2	77.4	・
'13	（25）	100.0	26.5	23.2	29.7	7.2	6.6	6.7	23.2	1.6	0.2	75.0	・
'16	（28）	100.0	26.9	23.7	29.5	7.3	5.9	6.7	26.6	1.4	0.2	71.8	・
'17	（29）	100.0	27.0	24.0	29.5	7.2	5.8	6.5	26.2	1.5	0.2	72.1	・
'18	（30）	100.0	27.7	24.1	29.1	7.2	5.3	6.6	27.6	1.3	0.2	71.0	・

注：1）1995（平成7）年の数値は，兵庫県を除いたものである。
　　2）2016（平成28）年の数値は，熊本県を除いたものである。

表7.3 世帯類型別構成割合の推移

(%)

		1920年（大正9年）	1955年（昭和30年）	1965年（昭和40年）	1975年（昭和50年）	1985年（昭和60年）	1990年（平成2年）	1995年（平成7年）	2000年（平成12年）
核家族世帯		54.0	60.6	62.6	59.5	60.0	59.5	58.7	58.4
拡大家族世帯	直系家族世帯	約31	32.6	24.3	約20.6	約19.0	約17.2	約15.4	約13.6
	その他の親族世帯		2.9	5.0					
	非親族を含む世帯	約8	0.5	0.3	0.2	0.2	0.2	0.3	0.4
単独世帯		6.6	3.4	7.9	19.5	20.8	23.1	25.6	27.6
計		100.0	100.0	100.0	100.0	100.0	100.0	100.0	100.0

総務省「国勢調査」（ただし1920年は戸田貞三「家族構成」による。1975年までは普通世帯は一般世帯の分類による）

表7.4　日本人の平均寿命と合計特殊出生率

年	平均寿命		合計特殊出生率
1920	男 42	女 43	5.11（1925 年）
2018	男 81.25	女 87.32	1.42

して間もなくこの世を去ることが多く，次の世代へ家督を渡すことにより，その家は核家族化していくことになりました。しかし，近年では引退後約30年老後の生活を送ることがごく当たり前になってきており，本来ならば拡大家族として三世代同居が増えてもおかしくない状況があります。

　しかし拡大家族率が減少している現状を見ると，そこには親と同居することに対する意識の変化があると考えざるを得ません。「年老いた親と一緒に生活をする」という同居規範の意識が薄れて，弱くなっているからこそ，少子化，平均寿命の延長という核家族率を下げる条件下でも，核家族の割合が上昇していると考えられます。

7.2　家族の理論

7.2.1　家族システム論

1. 家族システム論とは

　家族システム論とは，家族を1つのまとまりをもつ生命系としてとらえる理論のことを指します。家族を大きなシステムとして考えたとき，そのシステムの下には夫婦・親子（父子・母子）・兄弟姉妹などのさまざまなサブシステムがあり，そのサブシステムが独自にあるいは連動することによって家族というシステムが機能するという考え方です。

　家族システム論は一般システム論やウィーナー（Wiener, N.）に代表されるサイバネティックス理論を基礎に置いており，家族を一方向からだけではなく多面的にとらえるため家族療法などの実践的な問題解決に貢献しているといわれています。

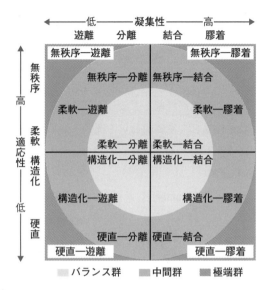

図7.1 オルソンの家族円環モデル (岡堂, 1991 より改編)

2. オルソンの家族円環モデル

オルソン (Olson, D. H.) らは, それまでに家族に関してさまざまな分野で提示されてきた諸概念を整理し, 理論と調査研究および臨床実践間の統合を試みるために円環モデルを提唱しています (図7.1)。

オルソンらは家族関係を把握する鍵概念として「家族凝集性」「家族適応性」「家族コミュニケーション」を提唱し, 円環モデルとして統合的にとらえようとしました。「家族凝集性」はいわゆる絆であり, 「家族適応性」は家族におけるストレスに対する適応力のことです。この2つの概念を促すものが3つ目の「家族コミュニケーション」であるとしています。

7.2.2 家族発達論

1. 家族発達論とは

家族発達論とは, 個人の発達と同様に家族の発生から消滅に至るまでの過程を示したもので, 家族ライフサイクルの各段階にはその段階に特有の発達課題

があり，それに伴う発達的危機があると仮定しています。

　ヒル（Hill, R.）が提唱した「**家族発達**」（family development）という考え方の中で家族のさまざまな段階論について触れることができますが，家族心理学の分野で家族発達の諸段階を最初に示したのはヘイリー（Haley, J.）です。ヘイリーは豊かで人間的な生活が可能となるように発達を促進させるという考え方から家族発達段階を提唱し，家族における問題に適切に対処できるのならば相互の関係性が深まり，家族として成長していくと考えました。

2. さまざまな家族発達論

　代表的なものにカーター（Carter, E. A.）とマクゴルドリック（McGoldrick, M.）の家族療法および家族教育に関する家族発達段階論があります。それは6つの段階から家族発達をとらえ，表7.5のような要点を記述しています。

　この考え方に対して，個人発達モデルを家族システムのモデルに適用したにすぎないという指摘があるのも事実です。また危機管理の視点からローデス（Rhodes, S. L.）はエリクソンの発達漸成図式を応用し，結婚から子どもの出

表7.5　カーターとマクゴルドリックの家族発達段階

第1段階	「親元を離れて独立して生活をしているが，まだ結婚していない若い成人の時期」であり，親子の分離を前提とした仲間関係や職業的な発達が課題。
第2段階	「結婚による両家族のジョイニング，新婚の夫婦の時期」とし，結婚を通して新しい家族システムの構築とそれまでのさまざまな人間関係の再編成が課題。
第3段階	「幼児を育てる時期」で，家族に新しい成員が増えることを受け入れ，親としての役割や家族の関係の再編成が課題。
第4段階	「青年期の子どもをもつ家庭の時期」で，子どもの独立を促しそれまでの親子関係を変化させ，さらに中年期の夫婦関係，職業発達に再度焦点を合わせること，老後への関心を高めていくことが課題。
第5段階	「子どもの旅立ちと移行が起こる時期」で，子どもの独立を通して家族の関係を再編成する時期で，二者関係としての夫婦関係や成人同士の関係としての親子のあり方など，家族関係の変化の受容が課題。さらに老化や死に対応することも求められる。
第6段階	「老年期の家族」で，老化による生理的な変化や世代的な役割の変化を受け入れながら，後進の世代への支援や新しい家族的社会的役割を選択することが求められる。そして，ライフ・レヴュー（life review）による人生の統合が課題となる。

表7.6　**各ライフステージにおける個人・家族心理・社会的発達課題と家族発達論の諸相**（池田，2013を改編）

カーターとマクゴルドリック（家族変化の理論）			ローデス（危機管理）		エリクソン
ライフステージの段階	心理的移行過程	二次的変化	ライフステージの段階	家族の発達課題	個人的発達課題
親元を離れ，単身で生活する若い成人の時期	親子の分離受容	出生家族からの自己の分化 親密な仲間関係の発達 職業面での自己の確立			同一性 対 同一性拡散
結婚による両家族のジョイニング，新婚の夫婦の時期	新しいシステムへのコミットメント	夫婦システムの形成 拡大家族と友人との関係の再編成	結婚から子どもの出生まで	親密性 対 幻滅感	親密性 対 孤立
幼児を育てる時期	家族システムへの新しいメンバーの受容	夫婦システムを調整し，親役割の取得 父母の役割，祖父母の役割を含めて，拡大家族との関係の再編成	子どもの出生から末子の入学までの時期	養育性 対 閉塞性	
青年期の子どもを持つ家族の時期	成長した子どもの独立をすすめ，家族の境界を柔軟に	青年が家族システムに出入りできるように，親子関係を整える	子どもが小学校に通う時期	成員の個性化 対 疑似相互性	生殖性 対 停滞性
			子どもが10代になる時期	友愛感 対 切り離し	
子どもの独立と移行が起こる時期	子どもの巣立ちにより，家族システムからの出入りが増大するのを受容	二者関係としての夫婦関係の再調整をするとともに，親子関係を成人どうしの関係に発達	子どもが家を出る時期	再編成 対 束縛または追放	
老年期の家族	世代的な役割の変化を受容	父母（祖父母）の老化や死への対処 自分及び夫婦の機能を維持する	親のつとめが終わる時期	夫婦関係の再発見 対 落胆	統合 対 絶望
			夫婦関係が終わる時期	相互扶助性 対 絶望感	

生までの時期から夫婦関係が終わる時期の7段階説を示しています（表7.6）。

3. 生態学的システム論

　　家族の理論というよりも，個人とその個人を取り巻く環境との関係という視点からマクロな考え方を提供している理論に，ブロンフェンブレナー

(Bronfenbrenner, U.) の**生態学的システム論**があります。

　ブロンフェンブレナーはより広い発達への視点を展開し，環境を4つのシステムからなるものとして構造化しています。個体と家族，親族や学校など直接的な場面で関係をもつマイクロ・システム，家庭と学校などマイクロ・システム同士の相互関係であるメゾ・システム，マスメディアや企業体など個人は直接参加しないがマイクロ・システムやメゾ・システムを外部から取り囲むものであるエクソ・システム，文化や歴史，社会習慣などのイデオロギーに関するシステムであるマクロ・システムです。そして，これらのシステムが重なり合って個人に影響を与えていると考えられています。

7.3　現代家族の問題

7.3.1　結婚と家族関係

1. 結婚と晩婚化

　家族形成の過程から見ても年々結婚年齢が高くなっています。1975（昭和50）年と2017（平成29）年の平均初婚年齢を比較すると，男性は27歳から31.1歳と4.1歳，女性は24.7歳から29.4歳と4.7歳ほど**晩婚化**しています。パートナーと結婚生活を開始することも成人期の発達課題の一つですが，結婚までの準備期間の延長はさまざまな要因も絡み，青年期の延長をも示唆しています（図7.2）。

　経済的要因と結婚・子育てには関連性があることが知られており，どんなにお互いに好意をもっていたとしても，結婚後の家計をまったく気にしないで結婚を決めることは難しいでしょう。「2015年社会保障・人口問題基本調査〈結婚と出産に関する全国調査〉第15回出生動向基本調査結果の概要」（国立社会保障・人口問題研究所，2017）によると，結婚をしていない男性・女性（25〜34歳）に対し「結婚できない理由」を聞いたところ，その理由の第1位は「適当な相手にめぐり合わない」で，男性45.3％，女性51.2％でした。次いで「結婚資金が足りない」が高く，男性の29.1％が，女性でも17.8％が理由にあげています。

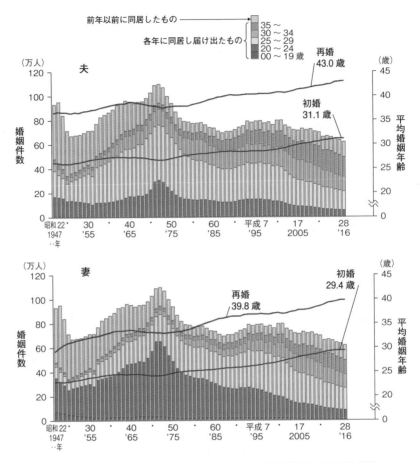

図 7.2　**夫・妻の年齢階級別にみた婚姻件数及び平均婚姻年齢の年次推移**
――昭和 22 ～平成 28 年 （厚生労働省政策統括官，2018）
昭和 42 年までは結婚式をあげたときの年齢，43 年以降は結婚式をあげたときと同居を
始めたときのうち早いほうの年齢である。

　結婚相手の条件でも女性は「経済力」を，「性格」に次いであげ，既婚で子
どものいない男女に「子どもを持たない理由」を聞いてみると「子育てや教育
にお金がかかりすぎるから」であり，6 割以上がこの理由を選んでいます（国
立社会保障・人口問題研究所，2010）。特に，妻の年齢が 30 歳未満の若い世代
では 8 割以上にもなっています。

2. 離　　婚

近年，家族関係，特に中年期以降の夫婦関係の動向が注目されています。圧倒的に婚姻期間 5 年未満での離婚数が多いことには違いありませんが，中高年層の離婚の増加傾向が指摘されています。特徴として，妻側からの離婚の申し立てが圧倒的に多いことがあげられます。これは子育て期を終えた夫婦における妻からの夫婦関係に対する問題提起となっていると考えられています。

同居期間別離婚件数の年次推移を見ると，同居期間が 30 年以上の離婚件数が 1975（昭和 50）年では 866 件であったものが 2016（平成 28）年には 1 万 1,000 件と 12.7 倍（2015 年度は 1 万 1,582 件）となっています（厚生労働省，2017；表 7.7）。全体としての離婚増加率が約 1.82 倍であることを考えると同居期間 30 年以上の増加率は突出しています。現在婚姻期間が 30 年というと年齢的には男性が 58 〜 59 歳頃，女性では 55 〜 56 歳頃となり，定年退職の時期と重なることにも目を向ける必要があります。

表 7.7　**同居期間別離婚件数の年次推移**（厚生労働省，2017 より）

同居期間	昭和 50 年	昭和 60 年	平成 7 年	12	17	22	26	27	28	対前年（28 年〜 27 年）増減数	増減率
総数	119,135	166,640	199,016	264,246	261,917	251,378	222,107	226,215	216,798	△ 9,417	△ 4.2
5 年未満	58,336	56,442	76,710	96,212	90,885	82,891	70,056	71,719	68,011	△ 3,708	△ 5.2
1 年未満	14,773	12,656	14,893	17,522	16,558	15,697	13,499	13,863	13,157	△ 706	△ 5.1
1 〜 2	13,014	12,817	18,081	21,748	20,159	18,796	15,779	16,272	15,330	△ 942	△ 5.8
2 〜 3	11,731	11,710	16,591	21,093	19,435	17,735	14,910	15,349	14,499	△ 850	△ 5.5
3 〜 4	10,141	10,434	14,576	18,956	18,144	16,193	13,489	13,807	13,299	△ 508	△ 3.7
4 〜 5	8,677	8,825	12,569	16,893	16,589	14,470	12,379	12,428	11,726	△ 702	△ 5.6
5 〜 10 年未満	28,597	35,338	41,185	58,204	57,562	53,449	46,389	47,082	44,391	△ 2,691	△ 5.7
10 〜 15 年未満	16,206	32,310	25,308	33,023	35,093	34,862	30,839	31,108	29,531	△ 1,577	△ 5.1
15 〜 20 年未満	8,172	21,528	19,153	24,325	24,885	25,618	22,905	23,941	22,986	△ 955	△ 4.0
20 年以上	6,810	20,434	31,877	41,824	40,395	40,084	36,771	38,644	37,601	△ 1,043	△ 2.7
20 〜 25 年未満	4,050	12,706	17,847	18,701	18,401	17,413	16,535	17,051	16,857	△ 194	△ 1.1
25 〜 30	1,894	4,827	8,684	13,402	10,747	10,749	9,382	10,011	9,744	△ 267	△ 2.7
30 〜 35	566	1,793	3,506	5,839	6,453	5,729	5,034	5,315	5,041	△ 274	△ 5.2
35 年以上	300	1,108	1,840	3,882	4,794	6,193	5,820	6,267	5,959	△ 308	△ 4.9

注：総数には同居期間不詳を含む。

3. 子 育 て

　岡堂（1988）は家族の発達段階で育児期における課題と危機について「新婚の夫婦の間に，子どもが生まれると，家族関係は二者関係から三者関係に変化する。夫には父親の役割が，妻には母親の役割が期待される。日常生活の時間配分，消費計画，予後の過ごし方，部屋の使い方などすべてが，乳児の参入で大きな影響を受ける。双方の親兄弟や友人との関係もまた，再検討されることになる。」と述べています。

　子どもの誕生はそれまでの夫婦の役割を変化させ，新しく親としての役割を生じさせることになります。役割が変化するのではなく複数の役割が同時に期待されるため，多少なりとも家族関係に動揺が起こることも事実です。

　小嶋（1982）は子どもが生まれた家庭で起こりやすいストレスと夫婦の陥り

表7.8　**子どもが生まれた家庭で起こりやすい課題**（内山ら，1989より作成）

1.　**両価的感情**
　　両親は子どもの出生による変化にプラス・マイナス入り混じった感情を持ちやすい。
2.　**孤独**
　　家庭で育児に専念している親は外界との対人的接触が希薄になり，孤独感にさいなまれやすくなる。
3.　**自己に対する疑念**
　　育児を助けてくれる祖母などのいる円滑に機能する拡大家族組織がないと，若い両親は最初から自己の能力に対する疑念を持ちやすい。
4.　**競争心と嫉妬**
　　両親が自分の子どもの発達・発育を，甥や姪やよその子どもと比較してやきもきすることは避けられない。
5.　**同盟の成立と忠誠の分裂**
　　母親が子どもとだけ結びついて父親を排除したり，父親が子どもの相棒になって母親を除け者にしたりすることがある。
6.　**わが子の中に自分を発見する**
　　親が自分と同一視した「完全無欠な」子どもという幻想のために，自分の個体性と夫婦関係を犠牲にする。
7.　**子どもにどう思われているか過敏になる**
　　親の中には，自分に対する子どもの判断の結果に一喜一憂するものがいる。
8.　**分離の苦痛**
　　子どもが這い始めるころからすでに開始する子どもの個別化は，両親とくに母親の側に分離不安を引き起こす。
9.　**親の権威**
　　子育てにとって重要なのは愛情とともに権威をもった親であって，権威主義的な親ではない。

やすい課題について**表7.8**のようにまとめています。

7.3.2　家庭に潜む危機

1. 不適切な養育（child maltreatment）

不適切な養育（マルトリートメント：child maltreatment）は，虐待と同じ意味として用いられています。18歳未満の子どもに対するすべての虐待とネグレクトを含むとされているものですが，明らかに心身に問題が生じていなくても，行為自体が不適切であればマルトリートメントと考えることができます。

近年，マルトリートメントが愛着障害やその他の小児精神障害の一因として子どもの脳にダメージを与えているという報告もなされています（友田，2017）。私たちの神経回路の発達に関しては未解明のところも多く，これからの研究に期待するところが大きいことも事実です。

日本でも虐待について「身体的虐待」「性的虐待」「心理的（精神的）虐待」そして「ネグレクト」の4分類でとらえています（児童虐待については第12章をご参照ください）。

2. 家庭内暴力，夫婦間暴力

家族間で発生する暴力行為を総称して**家庭内暴力**（Domestic Violence；DV）と呼んでいます。家庭内暴力は①親の子に対する暴力，②子の親に対する暴力，③夫婦間の暴力，に分類することができます。日本は家庭内暴力とは②の「子どもが親に対して振るう暴力」を指すことが多く，日本の社会状況の変化や日本人の精神構造の特徴を反映した現象としてとらえられてきました。

私的な領域に加入するべきではないという考え方は21世紀に入ってから変化し，家庭内暴力をめぐる社会の関心の高さはその防止に関する法律の制定によってとらえることができます。2000（平成12）年の「児童虐待の防止等に関する法律（児童虐待防止法）」，2001（平成13）年の「配偶者からの暴力の防止及び被害者の保護等に関する法律（DV防止法）」，2006（平成18）年の「高齢者虐待の防止，高齢者の養護者に対する支援等に関する法律（高齢者虐待防止法）」の施行により社会が積極的に家庭に対して介入していく方向にかじをとっていますが，それによって決して暴力行為が減少したわけではありま

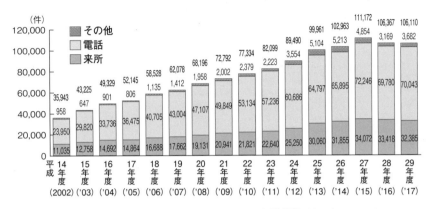

図 7.3　**配偶者暴力相談支援センターにおける相談件数**（内閣府，2018）

せん（図 7.3 参照）。

　第 7 章のポイント！

1. 現代日本の家族の特徴について，歴史的な視点を踏まえて整理しましょう。

2. 核家族化という家族形態と家族観の変化について考えてみましょう。

3. 家族システム論と家族発達論の特徴について整理しましょう。

4. 晩婚化の傾向が進んでいるといわれますが，その理由や結婚を選択しない人たちの考え方について調べてみましょう。

5. 現代家族の抱える家族間の問題における心理的支援の可能性について考えてみましょう。

教育現場における問題と支援
〈教育心理学〉

8.1　動機づけ

　人の行動を引き起こすものを欲求（need），または動因（drive）といい，人が一定の目標に向かって行動を開始し，それを維持する一連の働きを動機づけといいます。マズロー（Maslow, A. H.）は欲求を5段階で説明しています（図8.1；欲求階層説）。第1層は生理的欲求で，睡眠や排泄など，人間の生存に欠かせない欲求です。第2層は安全欲求で，安全，安心な暮らしがしたいという欲求です。第3層は社会的欲求で，集団に所属したい，仲間が欲しいという欲求です。第4層は承認欲求で，認められたい，褒められたいという欲求です。第1層から第4層までの欲求は欠乏欲求といい，欲求が満たされると，その次の欲求を欲するようになります。そして，最高層を成長欲求といい，マズローは最も高次の自己実現の欲求を設定し，人間は**自己実現**に向かって絶えず成長

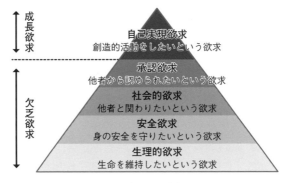

図8.1　マズローの欲求階層説

する生き物であると考えています。

　人間の体には生理的バランスを一定の状態にしようとする働きがあります。これを**ホメオスタシス**といいます。交感神経と副交感神経の働きによって，体内のバランスを保つため自律神経により体内バランスを維持します。また，細胞に侵入してきた外部環境を細胞レベルで排除する細胞レベルの維持，さまざまなホルモン物質によって体内環境を調節する内分泌系による維持があります。

　一方，**動機づけ**には**外発的動機づけ**と**内発的動機づけ**があります。外発的動機づけは子どもの学習場面においてよく見られるもので，外からの誘引となる報酬を与えて動機づけを行う方法です。例えば，褒めたり，叱ったり，金銭や賞をもらったり，食べ物をもらったりすることで，子どもは勉強するようになります。一方，内発的動機づけは内面に起こった興味や関心によって駆り立てられるもので，自分の能力を発揮できるならと考え，内的誘因により能力を発揮するものです。外発的動機づけは低学年の子どもには効果があり，作業を行うほど報酬が増えるような場合は，最初は報酬のために作業を行いますが，しばらくするとその効果が低下していきます。そのため，外的な誘導は動機づけを低下させる可能性があると考えられています。小学校高学年では外発的動機づけよりも内発的動機づけによって勉強をする子どもが多くなります。

　それでは，人はどのように目標を設定するのでしょうか？　バンデューラ（Bandura, A.）は，**社会的学習理論**（第3章参照）を研究する中で，人が行動に移すかどうかを決定づける動機は2種類あると考えました（1977）。その一つが「結果期待」で，特定の行動をすれば期待する結果が得られると考えるという動機づけです。もう一つが「効果期待」で，望む結果に必要な行動を自身が遂行できると考えるという動機づけです。これら2つの期待をもてるかどうかが，**自己効力感**（self-efficacy）に関係があるというのです。そして，行動や成果を求められる状況下において，「自分は必要な行動をとって，結果を出せる」「自分は達成できる」「自分には能力がある」という確信があれば自己効力感が高い状態にあり，「自分には無理だ」「自分には能力がない」と考えていれば自己効力感が低い状態であるといえます。自己効力感が高いと，新しいことに積極的にチャレンジし，実行に移すまでの時間が早く，ミスをしても必要

以上に落ち込むことはありません。前向きな発言が多く，周囲から学ぶ姿勢を
いつももって行動します。しかし，自己効力感が低いと，失敗を恐れて新しい
ことに消極的で，行動を起こすまでに時間がかかります。諦めるのも早く，ネ
ガティブな発言が多くなり，落ち込むことも多くなります。そのため，より具
体的で身近な目標を立てた場合のほうが，遠くの大きな目標を立てた場合より
も自己効力感が高いと考えられています。

　同じような意味に，**自己肯定感**（self-affirmation），**自尊感情**（self-esteem）
ということばがあります。自己肯定感は自己を尊重し，自身の価値を感じるこ
とができ，自身の存在を肯定できる力をいいます。自己肯定感が高い状態では，
「ありのままの自分を受け入れられること」ができるので，失敗したときでも
「今度は頑張ろう」「失敗してもいいんだ。それでも自分には価値がある」と考
えることができます。自尊感情は自分自身を価値があり尊敬されるべき人間だ
と感じる感情です。自尊感情が高い人は困難に出会っても粘り強く努力したり，
他者からの賞賛や批判にさほど左右されず，安定した感情で行動することがで
きます。自尊感情の低い人はすぐに諦めてしまい，褒められると，褒めた人を
よい人と思い，けなされるとけなした相手を悪い人と思ったりして感情的に不
安定なところがあります。

　ところで，私たちは成功や失敗をしたときに，その原因がどこにあると考え
るでしょうか？　ロッター（Rotter, J. B.）とワイナー（Weiner, B.）は達成課
題において，成功と失敗の原因を何に帰属させるのかについて，人にはスタイ
ルがあるという**原因帰属理論**を提唱しています。そして，ワイナー（1979）は
原因帰属のスタイルを位置（内的と外的）と統制（統制可能と統制不可能），
安定性（安定と不安定）の組合せから8つに分けました（図8.2）。位置は原
因が自分の内にあるか外にあるかということです。統制可能と統制不可能は原
因をコントロールできるか不可能かということです。安定性とは原因が時間的
に安定しているかしていないかということです。子どもの学習意欲につながる
ものは，努力が原因と考えられています。そのため，能力から努力に原因を変
えることで学習意欲が促進されます。一方，失敗においては，努力が原因のス
タイルでは自己統制感や自己効力感，自信につながらないとも考えられていま

	内的		外的	
	安定	不安定	安定	不安定
統制不可能	能力	気分 (調子)	課題 難易度	運
統制可能	努力 (普段の)	努力 (一時的)	教師の バイアス	他者の 助力

図 8.2　**原因帰属のスタイル**（Weiner, 1979）

す。努力不足を嘆くよりも，時には他の理由を考えることも必要なのかもしれ
ません。

8.2　**どのように教えるのか**

　小学校や中学校で私たちはどのような教育を受けていたのでしょうか？　一
斉学習とは，学級において，児童生徒全員が黒板を背にした教師のほうを向い
て授業を受ける方法です。授業は概ね教師の描いたシナリオに基づいて行われ，
教師は問答法的な問いかけで，児童生徒の理解度を推し量ります。学級内では
児童生徒が質問し合うことができないため，教師からの一方的な情報発信にな
りがちという問題があります。また，学級の多くの生徒は教師の講義を真に理
解していない場合が少なくないとの指摘がありました。そこで登場したのが，
行動主義心理学者スキナー（Skinner, B. F.）が提唱した**プログラム学習**です。
これは，**オペラント条件づけ**の手法を人の教育に応用したもので，一定の学習
目標に到達させるために，学習の過程が細かく分析され，論理的，系統的に順
序立てられた内容について解説，説明，質問，答えといった系列に従って習得
されます。一斉学習の効率の悪さに対する反省の上に立って，プログラム学習
は一人ひとりの児童生徒に学習を成立させることを目標として生み出されまし
た。具体的には，学習者に学習のプログラムを示し，それに従って一人ひとり
が，その能力差，個人差に応じてそれぞれの早さで，あるいはそれぞれ異なっ

た過程を踏みながら学習していきます。そのため，学習者は与えられた課題に自ら積極的に反応する必要があります（**積極反応の原理**）。そして，即時のフィードバックが与えられ，学習者が問題を解いた直後に正誤の判定が返ってきます（**即時確認の原理**）。さらに，スモールステップの学習方式のため，徐々に難度が上がっていきます（**スモールステップの原理**）。ですので，学習者のペースで学習を進めることができます（**自己ペースの原理**）。最後に，教材の内容を理解したかどうかを学習者が判断し，効果的と判断したら，学習を継続することができます（**学習者検証の原理**）。

　行動主義心理学の学習に対して，環境との相互作用を重視した学習方法として，ブルーナー（Bruner, J. S.）は**発見学習**を提唱しました。これは，発見という行為の習得を目指す学習で，知識の習得よりも，結論を導く過程で問題解決能力を高めることに重点を置いた学習です。この学習方法により，知的潜在能力の進歩や内発的動機づけの向上，記憶保持時間の増長，発見の仕方を学習する効果が示されています。

　また，クロンバック（Cronbach, L. J.）は，1957 年に**適性処遇交互作用**を提案しました。適性とは所与の条件下での学習効果を予測し得る学習者の個人差を意味し，処遇とは操作可能な学習条件を意味します。適性と処遇には交互作用があり，両者を組み合わせることで学習成果が異なるという考え方です。適性は，学習者個人を特徴づける特性で，学習力や知能，性格，態度，興味関心，意欲，動機づけ，価値観，学習スタイル，性別，社会階層，民族的背景，教育歴といったものが含まれます。処遇は，教師の指導法，課題，学習内容，関わり方，カリキュラム，学習環境，評価の仕方などがあります。例えば，横軸に何らかの適性をとり，縦軸に何らかの成績をとると，図 8.3 のように，処遇 A は適性が高くなると成績が高くなりますが，処遇 B では適性が高くなると成績は低下しています。この場合は処遇 A を使用することで最適な効果を得ることができると考えることができます。しかし，適性は 1 つだけではありません。ある適性のみに限定して最適な効果を見出したとしても，たいていはいくつかの要因が存在しているため，それのみの効果を検証することに意味があるかどうか，疑問が呈されています。

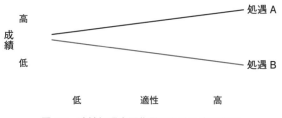

図8.3　適性処遇交互作用における交互作用

8.3　どのように評価するか

　教育の現場では，教育に関する活動を改善するために，さまざまな立場や場面においてさまざまな方法で評価が行われています。**教育評価**は教師が自分の指導の効果や児童生徒の学習成果を評価し，指導に生かすために行われるものです。ブルーム（Bloom, B. S.）は，完全習得学習理論により，指導と評価は一体と考え，評価は指導のための手がかりを得る手段として，**診断的評価，形成的評価，総括的評価**の3つの評価を通じて，学習者が一定水準以上の学力を保証することを目的に考えられました。診断的評価とは，学習に入る前の状態の学習者の実態を把握するために実施されるもので，その後の指導計画を立てるために実施する評価です。学習者の年齢や成績などの状態を把握し，その後の教育活動を効果的に行うために実施されます。形成的評価は，教師の指導により，学習者がどの程度理解したかを確認するために実施されるものです。指導した内容をどの程度理解しているかを確認し，その結果から指導方針の修正を行ったりします。その後，総括的評価により，指導者の教授方法の効果と，学習者自身の努力の結果を評価します。これは，学校で実施される中間試験や期末試験が該当します。その結果をもとに，指導者は今後の教育活動を改善することができます。また，学習者は努力と学習方法について，有効な結果を得ることができたかを検討することができます。

　一方，評価の基準をどこに置くかによって，**相対評価，絶対評価，個人内評価**の3種類に分けることができます。相対評価は，相対的な位置や順序をもとに，他者と比較する評価方法です。国，県，学校，クラスという集団を規準と

して，各児童生徒の相対的学力を測定します。絶対評価には到達度評価と認定評価があります。到達度評価はあらかじめ設定した到達すべき目標に対して，どこまで到達できたかを評価するものです。評価基準を明確に設定することで，評価を返すと，児童生徒はどこまでできたかを確認することができます。教師は評価基準の設定方法や評価の制度について研修などを受け，評価方法を精査していく必要があります。認定評価は，教師が公開していない基準，教師が考える成果に基づいて評価を行うものです。これは試験での点数だけでなく，授業時間内の態度や課題内容を評価するものです。相対評価を考慮しつつ，児童生徒のさまざまな側面を評価する方法です。個人内評価とは，児童生徒の成績について他者ではなく，個人の過去の成績と照らし合わせて評価を行うものです。障害児教育など，学習の基準や尺度についてその個人のみに焦点を当てて評価する場合などに用いられる方法です。これらの評価のあり方については，評価内容や評価者に対する信用性の問題や，評価を行う人の技術的な問題，評価の内容と方法に対する問題があります。いずれにしても評価は公平かつ公正でなければなりません。

　なお，これまでの評価はペーパーテストが一般的でしたが，学習者のやる気や対象範囲の拡大を狙い，学習の到達度について表を用いて評価する**ルーブリック**（Dannelle & Antonia, 2014）が最近は注目されています。この方法を用いて，パフォーマンスやディスカッション，グループワークなどを行う**アクティブラーニング**が大学などの評価として実施されています。

8.4　教育現場の現状

　教育現場では，いじめや**不登校**，学級崩壊など，**教師—生徒関係**や生徒同士の関係に機能不全が生じ，児童生徒を取り巻く環境の悪化が深刻化しています。いじめについての定義はこれまで何度か変更されています。最初の定義では，①自分より弱い者に対して一方的に，②身体的・心理的な攻撃を継続的に加え，③相手が深刻な苦痛を感じているものであって，学校としてその事実（関係児童生徒，いじめの内容等）を確認しているもの，なお，起こった場所は学校の

内外を問わない，とされていました（文部省，1986）。しかし，個々の行為が
いじめにあたるか否かの判断を表面的・形式的に行うことが問題視され，いじ
められた児童生徒の立場に立って行うこと（1994）と定義され，2013（平成
25）年のいじめ防止対策推進法の施行により，いじめとは，「学校の内外を問
わず，児童生徒に対して，当該児童生徒が在籍する学校に在籍している等当該
児童生徒と一定の人的関係のある他の児童生徒が行う心理的又は物理的な影響
を与える行為（インターネットを通じて行われるものも含む。）であって，当
該行為の対象となった児童生徒が心身の苦痛を感じているもの」となりました。
いじめの中には，犯罪行為として取り扱われるべきであるとの考えも認められ，
早期に警察に相談することが重要なものや，児童生徒の生命，身体または財産
に重大な被害が生じるような，直ちに警察に通報することが必要なものが含ま
れます。これらについては，教育的な配慮や被害者の意向に配慮した上で，早
期に警察に相談・通報の上，警察と連携した対応をとることが必要です。

　いじめに対して，社会総がかりで問題に向き合い，対処していくため，基本
的な理念や体制がいじめ防止対策推進法として法律で定められました。いじめ
防止の基本的施策は，学校における基本的施策として，①道徳教育等の充実，
②早期発見のための措置，③相談体制の整備，④インターネットを通じて行わ
れるいじめに対する対策の推進，を定めるとともに，国や地方公共団体におけ
る基本的施策として，⑤いじめの防止等の対策に従事する人材の確保，⑥調査
研究の推進，⑦啓発活動等を実施すること，などが定められています。学校は，
いじめ防止のために，複数の教職員，心理・福祉等の専門家その他の関係者，
また，必要に応じて警察と連携し対応する必要があります。

　不登校については，小・中学校の在籍児童生徒数が減少しているにもかかわ
らず，不登校児童生徒数は増加傾向にあります。各学校および教育委員会等は，
効果的な不登校支援につなげるために，個々の不登校児童生徒の不登校のきっ
かけや継続理由の的確な把握に努めるとともに，不登校が増加している要因に
ついても分析する必要があります。学校や教育委員会等は，不登校児童生徒へ
の支援にあたり，「義務教育の段階における普通教育に相当する教育の機会の
確保等に関する法律」に基づき，魅力あるよりよい学校づくりや児童生徒の学

習状況等に応じた指導・配慮を実施すること，児童生徒の社会的自立を目指して，組織的・計画的な支援や民間の団体との連携による支援を実施するほか，**スクールカウンセラー**，**スクールソーシャルワーカー**，関係機関との連携による**教育相談**や**学生相談**の体制を充実するなど，個々の不登校児童生徒の状況に応じた支援を推進する必要があります。不登校児童生徒への支援については，校長のリーダーシップの下，教員だけでなく，さまざまな専門スタッフと連携協力し，組織的な支援体制を整え，不登校児童生徒に対する適切な対応のために，各学校において中心的かつ**コーディネーター**的な役割を果たす教員を明確に位置づけることが必要です。また，不登校児童生徒への支援は，「学校に登校する」という結果のみを目標にするのではなく，児童生徒が自らの進路を主体的にとらえて，社会的に自立することを目指す必要があります。さらに，児童生徒によっては，不登校の時期が休養や自分を見つめ直す等の積極的な意味をもつことがある一方で，学業の遅れや進路選択上の不利益や社会的自立へのリスクが存在することに配慮が求められています。

　なお，不登校の児童生徒の才能や能力に応じて，本人の希望を尊重して，**教育支援センター**や不登校特例校，ICT を活用した学習支援，**フリースクール**，中学校夜間学級での受け入れなど，さまざまな関係機関等を活用し社会的自立への支援を行う可能性も考慮する必要があります。最後に，個々の不登校児童生徒の保護者の状況に応じて，保護者と課題意識を共有して一緒に取り組むという信頼関係を作ることや，訪問型支援による保護者への支援，保護者が気軽に相談できる体制を整えること，また，家庭の状況を正確に把握して家庭と学校，福祉や医療機関等と連携することが重要です。

8.5　チーム学校

　日本では**スクールカウンセラー**が学校におけるカウンセラーとして活躍しています。近年のいじめの深刻化や不登校児童生徒の増加など，児童生徒の心のありようと関わるさまざまな問題が生じていることを背景として，児童生徒や保護者の抱える悩みを受け止め，学校におけるカウンセリング機能の充実を図

るため，臨床心理に専門的な知識・経験を有する学校外の専門家を積極的に活用する必要が生じてきました。そのため，文部科学省は 1995（平成 7）年度から「心の専門家」として，臨床心理士などをスクールカウンセラーとして全国の学校に配置しました（154 校）。また，2001（平成 13）年度からは，各都道府県等からの要請を踏まえて，全国の中学校に計画的に配置されることを目標とし，2006（平成 18）年度は全国の中学校 7,692 校（4 校に 3 校の割合）に配置されるとともに，中学校を拠点として小学校 1,697 校，高等学校 769 校にも派遣されています。また文部科学省は，地震災害や事故等の場合には，都道府県等の要請に応じてスクールカウンセラーの緊急派遣に対する支援を行っていますが，人材不足や偏在，財政状況等の理由によって活用の状況はさまざまで，相談体制は 1 校あたり平均週 1 回，4 ～ 8 時間といった学校が多く見られます。スクールカウンセラーの役割は，児童生徒や保護者，教職員のカウンセリングだけでなく，ケースの見方，取扱い方，関わり方などについてコメントやアドバイスを行う**教育関係者へのコンサルテーション**，事例に関して関係者がそれぞれの立場から関わりの現状を報告するカンファレンス，教職員や保護者，地域に向けた研修，談話，講演などの実施，心理検査による**アセスメント**（査定・見立て），調査の実施，があります。

　一方，最近はいじめ，**不登校**，**非行**，**暴力行為**等の子どもの問題行動や児童虐待などへの対応において，教育と福祉の連携の重要性が高まっています。これまでのスクールカウンセラーをはじめとする子どもへのケアは，主に心理面に着目したものでしたが，これに加え，子どもを取り巻く環境に働きかける社会福祉的アプローチが求められるようになってきました。教育分野に関する知識に加えて，社会福祉等の専門的な知識や経験を用いて児童生徒が置かれたさまざまな環境へ働きかけたり，関係機関等とのネットワークを活用したりして，問題を抱える児童生徒への支援を行う社会福祉の視点をもつ**スクールソーシャルワーカー**の全国設置が行われてきています。スクールソーシャルワーカーの役割は学校という現場で子どもの支援に携わるもので，自治体によって活動形態は異なり，学校に配置されたり，教育委員会に所属して学校を巡回したりします。スクールカウンセラーが心の問題に重点を置いているのに対して，ス

クールソーシャルワーカーは児童生徒を取り巻く環境に着目して問題解決を行います。そのため，学校内だけでなく，家庭や役所の福祉担当部署などとのつなぎ役として情報提供や調整を行い，保護者や教員をサポートして問題解決方法を検討する役割を担います。

　児童生徒に対する対応はこれまで教員が中心となってきましたが，教員が多忙となった現在は，専門スタッフや事務職員らと連携・分担して対応する**チーム学校（チームとしての学校）**の体制が求められています（図8.4）。チームとしての学校を実現するためには，それぞれの職務内容，権限と責任を明確化することによって，チームを構成する個々人がそれぞれの立場・役割を認識し，

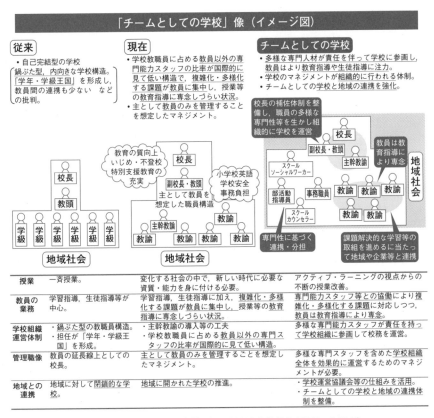

図8.4　**チームとしての学校**（文部科学省作業部会事務局，2015）

当事者意識をもって学校の課題に対応し，業務の効率的・効果的な実施に取り組んで，専門性に基づいたチーム体制を構築する必要があります。また，学校のマネジメント機能の強化，さらに，教職員一人ひとりが力を発揮できる環境の整備が必要となります。このようにチーム学校によって，学校と家庭，地域社会との関係，学校が何をどこまで担うのかを整理し，チームとして連携，協働することが重要です。

第8章のポイント！

1. 内発的動機づけと外発的動機づけについて整理しましょう。
2. さまざまな学習方法について整理しましょう。
3. 評価方法について整理しましょう。
4. 児童を取り巻く環境について考えてみましょう。
5. チーム学校について理解しましょう。

犯罪・非行の心と矯正
〈犯罪心理学〉

9.1　司法・犯罪分野における心理的支援の必要性

　あなたは「犯罪」や「非行」ということばに，どのような印象をもっていますか？　何だか怖いイメージ？　それとも好奇心にかられるようなイメージでしょうか？　自分とは別次元の話だと感じるかもしれませんが，例えばストーカーや窃盗などは，いつ被害者または加害者になってもおかしくはない事案です。また，離婚後の子どもとの面会や養育費などの近年増えている身近な問題も，この分野で扱う事案となっています。

　日本では，これらの事案は**家庭裁判所**がルールにのっとって解決を図ります。しかし，ルールを順守するだけでは足りません。人と人との関係において起こった犯罪を解決するためには，個人のプライバシーに配慮しつつ，「心の問題」として全体をとらえる必要があります。そのためこの分野では，関連する機関や司法的な仕組みについて学ぶことと両立して，犯罪についての心理的側面を考えることが重要になってきます。司法と心理との連携を図ることが，スムーズな事案解決へとつながるのです。

9.2　「犯罪」とは何か？

9.2.1　少年非行（未成年者による犯罪）

　未成年者とは 20 歳未満の者を指します。彼らによる犯罪には，「**少年法**」が適用されます（以下，少年とは少年少女どちらも含みます）。

> **少年法の目的**（少年法第1条より）
>
> 　「この法律は，少年の健全な育成を期し，非行のある少年に対して性格の矯正及び環境の調整に関する保護処分を行うとともに，少年の刑事事件について特別の措置を講ずることを目的とする。」

　少年法には，刑罰を与えることで処遇を行うのではなく，非行の繰返しを防止し少年の健全な育成を図ることが大切だ，と明記されています。つまり，同じ罪を犯したとしても，少年の生育背景や更生可能性・保護者の意欲などの違いにより，処遇が変わってくるということになります。「刑罰の威嚇による犯罪抑止力には限界があり，特に年少少年に対しては効果が期待できない」（澤登，2015）ため，なるべく早い時期になるべく適切な対応をとることで，少年の未来の生活と私たちの社会とを守っていこうというのが，少年法の理念なのです。

　次に，非行少年の種類について見ていきましょう。少年法による非行少年の分類は表9.1のようになっています。

表9.1　少年法による非行少年の三分類

年齢（歳）	将来罪を犯すおそれのある少年	罪を犯した少年	刑事責任	少年院	死刑
10, 11			△	×	×
12		②触法少年	△*¹14歳未満や心神喪失者は刑事責任を問われない。	△*²	×
13			△*¹14歳未満や心神喪失者は刑事責任を問われない。	△	×
14	①ぐ犯少年		○	○	×
15			14歳以上特に	○	×
16		③犯罪少年	16歳以上で故意による被害者死亡→検察へ原則送致。	○	×
17				○	×
18				○	○
19				○	○
20				○	○

※1　都道府県知事もしくは児童相談所長から送致の場合のみ○。
※2　おおむね12歳より入院可能性あり。
　　■まず審判の対象となる範囲。家裁・児相どちらへも通告可。
　　□児童相談所にのみ通告可。

具体的には，

①**ぐ犯少年**：20歳未満で，保護者の正当な監督に従わない等の不良行為があり，その性格や環境から見て，将来罪を犯すおそれのある少年

②**触法少年**：14歳未満で，罪を犯した少年

③**犯罪少年**：14歳以上20歳未満で，罪を犯した少年

の三分類ですが，少年法では，嫌疑のあるすべての事件を家庭裁判所に送ることが決まっています（**表9.1**の灰色部分である，①14歳以上のぐ犯少年と③犯罪少年）。これを，**全件送致主義**といいます。14歳以上で将来事件を起こし得る少年については必ずアセスメントを行い，更生の機会を与えるという意味です。このような日本の司法の仕組みは国際的にも誇ることができるものであるといえるでしょう。

少年法の家庭裁判所の審判に付する少年の定義（少年法第3条より）

「1　罪を犯した少年→**表9.1**③

2　14歳に満たないで刑罰法令に触れる行為をした少年→**表9.1**②

3　次に掲げる事由があつて，その性格又は環境に照して，将来，罪を犯し，又は刑罰法令に触れる行為をする虞のある少年→**表9.1**①

　　イ　保護者の正当な監督に服しない性癖のあること。

　　ロ　正当の理由がなく家庭に寄り附かないこと。

　　ハ　犯罪性のある人若しくは不道徳な人と交際し，又はいかがわしい場所に出入すること。

　　ニ　自己又は他人の徳性を害する行為をする性癖のあること。」

9.2.2　非行少年に対する手続き——成人との違いとは

　非行少年のその後の手続きについて，法務省の「**犯罪白書**」を見てみましょう（**図9.1**）。先述のとおり，未成年の事件は軽微なものであっても必ず家庭裁判所に送致されます（14歳以下は児童相談所へ）。家庭裁判所では**家庭裁判所調査官**による調査と**裁判官**による審判が行われ，少年院送致・児童自立支援施設等送致・保護観察所・審判不開始・不処分・検察官送致（＝**逆送**ともいわ

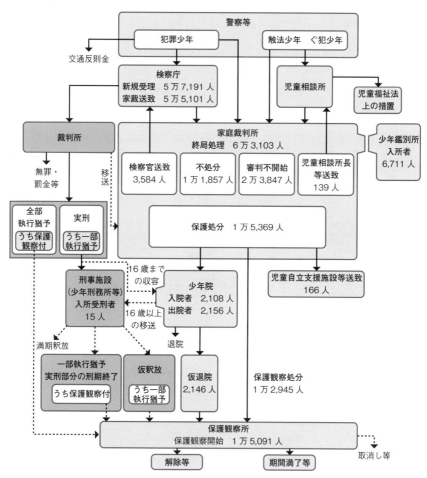

注 1　検察統計年報，司法統計年報，矯正統計年報及び保護統計年報による。
　　2　「検察庁」の人員は，事件単位の延べ人員である。例えば，1 人が 2 回送致された場合には，2 人として計上している。
　　3　「児童相談所長等送致」は，知事・児童相談所長送致である。
　　4　「児童自立支援施設等送致」は，児童自立支援施設・児童養護施設送致である。
　　5　「出院者」の人員は，出院事由が退院又は仮退院の者に限る。
　　6　「保護観察開始」の人員は，保護観察処分少年及び少年院仮退院者に限る。

図 9.1　**非行少年処遇の概要**（令和元年版「犯罪白書」，2019 より）

れ，検察から家庭裁判所に送致された事件を検察に送り返す手続きのこと，犯行時16歳以上で故意の犯罪行為によって被害者を死亡させた事件は強制的に事件を検察官に送致）されます。家庭裁判所では，少年鑑別所に送致する措置（**観護措置**）をとることができ，その期間は最長8週間まで更新することができます。

　20歳未満の非行少年と成人との手続きには，大きな差異があります。少年はすべての事件について家庭裁判所に送致され（全件送致主義），心理・教育的な処遇を受けます。それに対し，成人の刑事事件は司法警察官や検察官の捜査活動を経て，検察官により起訴・不起訴・起訴猶予が決められます。実際はほぼ起訴されることはなく，起訴されたとしても3分の1程度は略式命令（50万円以下の罰金など）で済み，判決が有罪（死刑・懲役・罰金・抑留・科料）になり懲役になると，刑務所に入るか，多くは執行猶予になります。執行猶予になると社会内処遇に移行します（**保護観察**など）。

　社会内処遇とは，19世紀後半から台頭してきた考え方で，「日常生活を続けながら更生を目指すため，失業や家庭崩壊などを防ぎ，再犯を抑制する有効な方法」（越智，2012）です。犯罪者の更生のためには，必要な支援を受けながら社会での日常生活を続けることが大切なのです。

9.2.3　少年の処遇

　次に，手続き後の少年に対する処遇について見ていきましょう（**表9.2**）。

　少年への処遇には，①**保護処分**，②**刑事処分**，③**試験観察**の3つがあります。そのうち，保護処分先の機関である「少年院」について詳しく見てみましょう。

　少年院とは，家庭裁判所の決定により保護処分として送致された少年を収容する施設で，法務省が所轄しています。ここでは，「在院者の特性に応じた適切な矯正教育その他の健全な育成に資する処遇を行うことにより，改善更生と円滑な社会復帰を図って」（法務省矯正局少年院のしおり，2019）おり，特色のあるさまざまな教育活動も行われています（**表9.3**）。

　では，刑事処分先の機関である「少年刑務所」と「少年院」にはどのような違いがあるのでしょうか（**表9.4**）。

表 9.2　少年法の 3 つの処分

①保護処分	①-1 保護観察		1 号観察「家庭裁判所において決定される保護処分としての保護観察」（少年） 2 号観察「少年院を仮退院した後，収容期間の満了日までまたは本退院までの期間受ける保護観察」（少年） 3 号観察「刑務所などの刑事施設を仮釈放中に受ける保護観察」（成人） 4 号観察「保護観察付きの刑執行猶予判決を受けた者が，執行猶予期間中に受ける保護観察」（成人） 5 号観察「婦人補導院を仮退院した者が受ける保護観察」（成人）
	保護観察所	社会内処遇	全国 50 カ所^{※1}　保護観察官および保護司が執行にあたる。
	①-2 児童自立支援施設	施設内処遇	全国 58 カ所^{※2}　18 歳未満（多くは中学生以下で下限年齢設定なし）家庭に問題を抱える子どもを教育・支援する。
	児童養護施設	施設内処遇	全国 608 カ所^{※2}　保護者のいない児童など収容，児童自立支援施設より福祉施設としての機能に特化（被虐待児など）。
	①-3 少年院	施設内処遇	全国 52 カ所^{※3}　法務省が所轄する矯正教育を行う閉鎖施設（4 種類）。
②刑事処分	少年刑務所	施設内処遇	全国 6 カ所^{※4}　16 歳以上の有罪判決を受けた者。26 歳までは継続可（実際は 26 歳をこえて収容中の者あり）。
③試験観察		社会内処遇	保護観察か少年院送致かを迷った際に一旦社会での生活の様子を見極めたうえで最終的な処分を決めるという中間的な措置。

※1　法務省 HP, http://www.moj.go.jp/hisho/seisakuhyouka/hisho04_00040.html
※2　厚生労働省，平成 29 年社会福祉施設等調査の概況，2017
※3　法務省矯正局，少年院のしおり，http://www.moj.go.jp/content/001221690.pdf
※4　法務省矯正局，日本の刑事施設，2018, http://www.moj.go.jp/content/000079580.pdf

表 9.3　少年院での教育活動の内容（法務省 HP より）

項目	指導内容
生活指導	善良な社会人として自立した生活を営むための知識・生活態度の習得。
職業指導	勤労意欲の喚起，職業上有用な知識・技能の習得。
教科指導	基礎学力の向上，義務教育・高校卒業程度認定試験受験指導。
体育指導	基礎体力の向上。
特別活動指導	社会貢献活動，野外活動，音楽の実施。

表 9.4　少年院と少年刑務所との違い

	少年院	少年刑務所
生活	寮（単独・集団）	単独室
矯正処遇	24 時間/日	8 時間以内/日
処遇計画	詳細に立てられる	詳細ではない

近年，**少年刑務所**も処遇計画に力を入れるようになってきたようですが，2つの機関は似ているようで大きく異なります。少年院では，より細やかな処遇が行われていて，少年法の理念が色濃く表れているのです。

さまざまな心理的・教育的配慮がなされる少年院ですが，須藤（2019）は，「少年院は刑務所より楽な場所であるという社会一般の認識とは裏腹に，少年院は少年にとって非常に厳しい場所である」と指摘しています。少年院入院を経験した方の話では，「常に自分の問題点について考えさせられるため，精神的にとてもつらい」のだそうです。しかし，その深慮の蓄積こそが，将来的な更生の道へとつながるのではないでしょうか。

9.2.4 成人との処遇の比較

刑事施設（少年院・刑務所等）において受刑者の変化を促す関わりとしての矯正処遇には，①刑務作業，②**教科指導**，③**改善指導**の3つの指導があります。③は特別改善指導と一般改善指導とに分かれ，特別改善指導6種類のうちの一つに，**被害者の視点を取り入れた教育**があります。特別改善指導には，他に薬物依存離脱指導・性犯罪再犯防止指導などがあり，重大な被害を生んだ受刑者を対象に，その個人にとって必要とされる指導が行われるのです。

9.2.5 矯正施設での面接法

少年院や刑務所などの矯正施設で行われる面接は，面接される者にとってはどうしても「義務的な」ものになってしまいます。なぜなら，面接される者は自ら進んで面接を受けたいと思っているわけではないからです。では，面接される者が進んでアセスメントや面接に向き合う方法はないのでしょうか。

動機づけ面接法（motivational interviewing method）は，面接される者の前向きな発言の支持を重要視することで「動機づけを高める」方略を用いた面接法です。具体的には，①「開かれた質問」を行う，②是認する（被面接者の発言を肯定的に受け止める），③聞き返し，④サマライズする（要約），の順で行われます。

「**開かれた質問**」とは自由に答えられる質問のことで，「相手が自らを振り返

り，詳しく説明するように誘い出す」（Miller & Rollnick, 2012 原井監訳 2019）ということを重視した独特な質問のことです。例えば，○○についてくわしく話してください／それからどのようなことをしましたか／まずどのようなことがありましたか，といったような質問をします。

　動機づけ面接とは，A. 開かれた質問をする→B. 自由に答えを話す→A. 聞き返しが増える→B. 本人自身による考察と気づきを促す，というお互いに協働的な作業が行われることで，被面接者自身が変わりたいと思う動機づけを引き出す方法なのです。

　司法面接（forensic interview）とは，子どもが関わる事件や虐待事案などにおいて用いられる面接法です。法的な証拠として採用できるような上質の供述を得ることを目的とするため，「事実確認」が第一であり，出来事から時期を置かず自由報告を重視した面接を 1 回限りで行い，ビデオ録画をします。子どもに与える負荷をなるべく少なくし，決して誘導することなく正確な情報を引き出す面接法です。ここでも，**開かれた質問**が用いられます。

9.2.6　非行の要因

　犯罪心理学では，非行に至る要因として 3 つのものが考えられてきました。
①**生物的要因**……本人の知能，精神疾患や障害など。
②**内的要因**……本人の認知やパーソナリティ，価値観など心理的なもの。
③**社会的要因**……家族や社会など，外的なもの。

　これらの要因は，何か 1 つがあれば必ず非行につながるというものではなく，それぞれの要因と個人の環境（保護者・友人関係・経済環境など）とが複雑に絡まり合って，非行という結果になっているのです。そのため，長い時間をかけて安定した対処をすることが，解決のために必要なのです。

9.3　再犯防止の重要性

　近年，マスメディア等により報道されるセンセーショナルな少年犯罪の影響もあり，少年非行の低年齢化・凶悪化・深刻性が強調されているようです。し

かし実際には少年非行の数自体は減っている上に，凶悪化が進んでいるわけで
もありません。ただ，一度罪を犯した少年について見てみると，その再犯率は
高くなっています。成人についても同様で，入所受刑者に占める再入者の割合
（再入者率）は，2004（平成16）年から毎年上昇し続け，2018（平成30）年は
59.7％と，近年横ばいで推移しています。検察や矯正および更生保護の現場で
は，社会復帰支援等の再犯防止に関するさまざまな取組みが行われており（検
察庁 HP，2019），**再犯の防止**に力を注ぐ必要性が高まっていることがわかり
ます。

　再犯を防止しその改善更生を図るためには，**就労の確保**が大変重要になって
きます。例えば，2013（平成25）年から2017（平成29）年の5年間において，
保護観察終了時に無職であった者の再犯率は，有職者の再犯率の約3倍に上る
こと（図9.2）や，2017年における入所再入者のうち72.4％が無職者であった
こと（平成30年版犯罪白書）があげられます。つまり，「刑務所出所者等の再
犯を防止するためには，これらの者が安定した仕事に就き，職場に定着して，
責任ある社会生活を送ることが重要」（杉山，2016）なのです。

　政府の取組みとしては，2013（平成25）年12月には2020（令和2）年のオ
リンピック・パラリンピック東京大会開催を視野に入れ，再犯防止対策の一つ
として「行き場のない刑務所出所者等の住居の確保の推進」および「就労支援
の推進」が閣議決定されました。2014（平成26）年12月には，「宣言」を犯
罪対策閣僚会議において決定し，「犯罪や非行をした者を社会から排除・孤立
させるのではなく，再び受け入れることを自然にできる社会にすること」と，

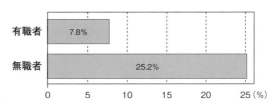

図9.2　保護観察終了時の職の有無と再犯率（法務省，2019より）
平成25〜29年の5年間について，無職で保護観察を終了した者と有職で保護観察を
終了した者との再犯率を比較。

「刑務所出所者等の仕事と居場所の確保に向けた具体策」を示し，2020 年まで
の数値目標を設定しました。

　2016（平成 28）年 12 月には，「再犯の防止等の推進に関する法律」が制定
されました。その基本的な政策は以下の 4 つです（第 13 条）。

再犯防止の政策（再犯の防止等の推進に関する法律第 13 条より）

「1.　再犯防止に向けた教育・職業訓練の充実等

　2.　社会における職業・住居の確保等

　3.　再犯防止推進の人的・物的基盤の整備

　4.　情報の共有，検証，調査研究の推進等」

　この法律は「貧困や疾病，嗜癖，障害，厳しい生育環境，不十分な学歴など
さまざまな生きづらさを抱える犯罪をした人たちが地域で孤立しないような，
息の長い政・地方公共団体・民間協力者が一丸となった取り組みを目指す」
（須藤，2019）ものです。

9.4　犯罪に関するパーソナリティ障害とは

　パーソナリティ障害とは，精神疾患や脳器質性病態ではないものの，パーソ
ナリティ傾向が著しく偏り，認知・感情・行動などが非適応的になった場合を
指します（鈴木，2012）。

　犯罪を行った者は，全員が何かしらのパーソナリティ障害をもっているとい
う考え方は，誤解です。ただ，犯罪に染まりやすいパーソナリティがあり，そ
れに早期に気づくことで，犯罪または再犯を防止することができ得るのです。

　また，気軽にパーソナリティ障害の診断に逃げる（司法ルートではなく医療
ルートとしての処遇を受ける）ことに対して，藤岡（2016）が「うつ病診断に
対する服薬やパーソナリティ障害の診断が，うまく機能しなくなった生活上の
課題を覆い隠してしまい，生活の立て直しにはかえって足枷になることも多い
ように感じる」と苦言を呈しているように，パーソナリティの問題として気軽
に決めつけることの弊害にも，配慮しなければなりません。

1.　反社会性パーソナリティ障害（Antisocial Personality Disorder）

　反社会性パーソナリティ障害は，最も犯罪行為と関連があるパーソナリティ障害のタイプであり，「他者の権利を無視，侵害する反社会的行動パターンを持続的に示すことが大きな特徴」（川島，2019）です。年齢的には，18歳以上でなければこの診断を出すことはできず，また，15歳以前に**素行症**の症状が現れていなければならないとされています（DSM-5）。

2.　素行症／素行障害（Conduct Disorder）

　素行症の特徴としては，「他者の基本的人権または年齢相応の社会的規範や規則を侵害することが反復・持続する行動パターン」があげられます（DSM-5）。具体的な行動として，動物に対する虐待や，放火，他者の物の破壊などが見受けられます。行為上の障害を有する少年への対応は，「医療・保健・福祉・司法・教育機関ともに日常的に対応を求められて」いますが，「関係機関が，専門性に基づいた責任を持った関与を同時並行して行うことが必要」（来住・中島，2013）です。次にあげる反抗挑発症は，素行症の現れる兆候の一つだとされています。

3.　反抗挑発症／反抗挑戦性障害（Oppositional Defiant Disorder）

　反抗挑発症の特徴としては，怒りっぽく，口論好きで執念深いなどの様式が持続することがあげられます（DSM-5）。

　これらの障害においては，**図9.3**のように反社会性が進んでいくと考えられるので，早い時期での発見と対処が必要となります。「治療や援助につながらない診断は，単に彼らを排除することになってしまう」ため，「パーソナリ

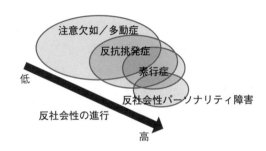

図9.3　パーソナリティ障害の移行（富田，2017を一部改変）

ティ障害に至るプロセスを生活史や家族関係から解明していくこと」（黒沢・村松，2012）も大変重要です。

9.5 公認心理師に期待されることとは？

　ここまで，心理的な立場からどのように司法・犯罪分野に関わっていけるかを見てきました。最後に，今後特に公認心理師として活躍が期待される場面を具体的にあげていきましょう。

9.5.1 裁判員裁判

　裁判員裁判は，2009（平成21）年の「裁判員の参加する刑事裁判に関する法律」の施行により始まりました。一般市民の裁判への参加を通じて司法に対しての信頼を高め，かつ市民感覚を司法に取り入れる目的で導入された制度です。殺人など重大な刑事事件を対象に，裁判官3名・裁判員6名によって，有罪か無罪か，有罪の場合はどのような刑とするかを決めます。これまでに9万人超が裁判員や補充裁判員を務め，1万2,000人近くの被告に判決が言い渡されてきました。

　この制度ができたことで，一般市民として裁判に関わる可能性が誰にでも出てきました。非行や犯罪を行った者の心理を理解し，再犯の防止や更生の仕組みについて学ぶことが，私たちにとって大変身近な問題になったのです。

　もう一つ，注目すべき点があります。裁判員裁判が始まって以来，任命されたにもかかわらず辞退する人の数（**辞退率**）が連続して増加している点です（小山・田淵・林，2016）。2018（平成30）年の辞退率は67％となっています。

　ここで，最高裁判所が裁判員経験者に対して行ったアンケート結果を紹介しましょう（図9.4）。裁判員に選ばれる前の気持ちについて問われた回答結果が左側の円グラフです。裁判前には44.1％が参加に否定的な気持ちをもっていました。その原因として，審理にかかる日数の長期化により仕事が休めない，育児で手一杯である等の物理的な問題の他に，裁判自体に対しての不安や自信のなさ，死刑の判決を出すなど究極の選択を迫られる精神的なプレッシャーと

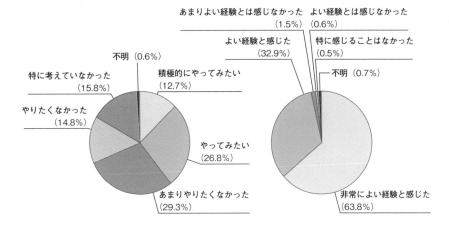

A　裁判員に選ばれる前の気持ち　　B　裁判員として裁判に参加した感想

図9.4　**裁判員に選ばれる前の気持ちと裁判員として裁判に参加した感想**
（最高裁判所平成30年度報告書，2019）

いった心理的な問題も強く関わっていると思われます。しかし，右側の円グラフを見てください。「裁判員として裁判に参加したことは，あなたにとってどのような経験であったと感じましたか」という問いへの回答は，「非常によい経験と感じた」が63.8％，「よい経験と感じた」という回答と合わせると96.7％になり，ほとんどの人がよい経験と感じたと回答しているのです（裁判員等経験者に対するアンケート調査結果報告書，2019）。守秘義務に配慮しつつも裁判員の心の負担のサポート・きめ細かなケア・継続的な相談に応じる体制が整ってきつつあります。裁判員になっても心理的に安心できると世間に対して明確に示すことが今後の公認心理師の担うべき使命であり，裁判員裁判制度の持続にもつながるのではないでしょうか。

9.5.2　医療観察制度

　医療観察制度は，心神喪失または心神耗弱の状態（精神の障害のために善悪の区別がつかないなど，通常の刑事責任を問えない状態）で，殺人，放火等の重大な他害行為を行った人の社会復帰を促進することを目的とした処遇制度で

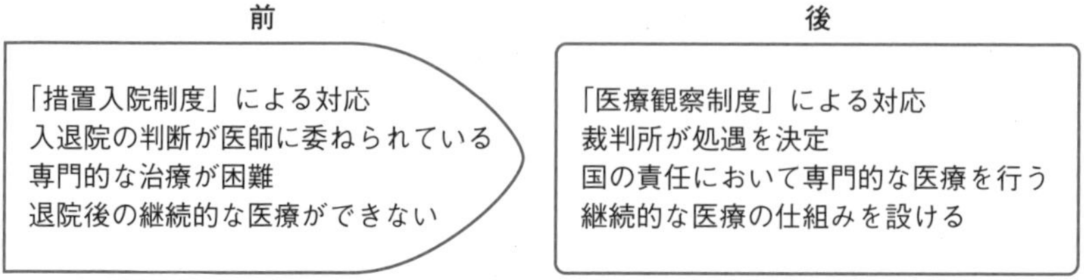

前	後
「措置入院制度」による対応 入退院の判断が医師に委ねられている 専門的な治療が困難 退院後の継続的な医療ができない	「医療観察制度」による対応 裁判所が処遇を決定 国の責任において専門的な医療を行う 継続的な医療の仕組みを設ける

図 9.5　医療観察制度創設前後の比較

す（法務省 HP，2019）。

　2005（平成 17）年より実施されているこの制度では，①裁判所が入院・通院などの適切な処遇を決定するとともに，国の責任において手厚い専門的な医療を統一的に行い，②地域において継続的な医療を確保するための仕組みを設けること等が盛り込まれています（図 9.5）。まだ制度の認知度が低く，制度を周知させることや，対象者に長期的につきそえる仕組みを作り上げていくことが必要で，そのためには医療機関や司法・心理・福祉の相互連携が求められています。

9.5.3　犯罪被害者支援

　近年まで，日本では犯罪加害者側の視点による刑罰的な処遇に焦点が当てられてきました。しかしながら，被害者による視点なくしては加害者の更生や社会の安全性につなげることはできないことがわかってきました。

　2004（平成 16）年 12 月に「犯罪被害者等基本法」が制定されたことで，損害の回復や被害者参加制度の創設等の大幅な制度改正が行われました。基本法には支援の対象として，被害者本人のみでなく家族も対象であることが明示されています（第 2 条）。国・地方公共団体が講ずべき基本的施策として，①相談及び情報の提供，②損害賠償の請求についての援助，③給付金の支給に係る制度の充実等，④保健医療サービス・福祉サービスの提供，⑤犯罪被害者等の二次被害防止・安全確保，⑥居住・雇用の安定，⑦刑事に関する手続への参加の機会を拡充するための制度の整備，といったものがあり（警察庁 HP，2019），犯罪被害者側の視点に立ちながらその実現を図ることによって，被害

者の権利や利益の保護を目指すものとなっています。

　2007（平成19）年から**保護観察所**において，1名以上の被害者担当保護官（保護観察官より）男女各1名以上の被害者担当保護司（保護司より）が協働して被害者関係の業務に就くことになりました。これまでの加害者目線での方法とは違い，被害者に対して「①ひたすら聴く，②被害者と加害者との間の架け橋の機能を果たす，③他の機関のノウハウを学び，これまで受けてきた支援にも目を向ける」（前川，2016）ことに特に注意し，途切れのない支援が目指されています。

9.5.4　面会交流

　家事事件とは，家庭に関する事件のことを指し，個人のプライバシーに配慮しつつ家庭裁判所により解決される事件のことをいいます。2013（平成15）年の「家事事件手続法」施行により，当事者が裁判所に対して意見を述べる機会が確保され，時代によって移り変わる家庭への考え方が取り入れられるようになりました。

　面会交流とは，別居中や離婚後に，子どもを養育していないほうの親が子どもと定期的に交流することです。2012（平成24）年の民法一部改正により，離婚時にどちらか一方の親を親権者とし，子どもの面会交流と養育費を取り決めることが規定され（民法第766条），それにより面会交流調停数が増えました（2002（平成14）年の20万7,000人をピークに離婚数自体は減少）。およそ5年ごとに調査されている厚生労働省の「全国ひとり親世帯等調査報告」によると，2016（平成28）年の母子世帯は123万2,000世帯，父子世帯は18万7,000世帯と推計されています。面会交流の実施状況については，「現在も行っている」と回答したのは，母子世帯の母では29.8％，父子世帯の父では45.5％で，現在，面会交流を行っていない最も大きな理由は，母子世帯の母では「相手が面会交流を求めてこない」，父子世帯の父では「子どもが会いたがらない」となっています。離婚時に双方の心理的な関わり合いがスムーズであれば，離婚後の元夫婦・親子間の関係ももう少し穏やかであると思われ，調整役という意味で，公認心理師が期待されることは大きいでしょう。

9.5.5　DV（配偶者や恋人から受ける暴力）や虐待

　各地の自治体が設置する配偶者暴力相談支援センター（全国約 280 カ所）に寄せられた相談件数は，2018（平成 30）年度で 11 万 4,481 件に上り，統計を取り始めた 2002（平成 14）年度以降最多となりました（読売新聞，2019.10.11）。しかしながら，DV 被害者の約半数がどこにも相談していない状態で（内閣府，2017），この数字は氷山の一角にすぎません。相談体制の充実（窓口の知名度を高める・一時保護所対処後の住まい確保や職探し・子どもの心理的ケア・民間シェルターへの財政的支援・加害者への働きかけ）等の対策が進められているところです。

　DV 防止のカギを握るのは，被害者が自立するまでの切れ目のない支援です。日本語が十分に話せない者（1,996 件）や障害者（8,445 件）を合わせると DV 被害者の約 1 割になる（内閣府，男女共同参画局，2019）ことからも，いろいろな立場の被害者に対応できるような人材の確保が求められています。

　また，親子間の虐待も数が増えており，2018（平成 30）年では 10 年前の約 3.7 倍（平成 30 年版「犯罪白書」）となっています。虐待の実態として，実の母親からの虐待が一番多いことからも，傷を負った子どもへの対応ができる人材が必要です。

9.5.6　少年法適用年齢引き下げ問題

　2018（平成 30）年 6 月，民法改正によって日本の成年年齢は 20 歳から 18 歳に引き下げられました。これに大きな影響を受け，**少年法適用年齢引き下げ**についても議論がなされてきています（図 9.6）。少年法は少年を「子ども扱

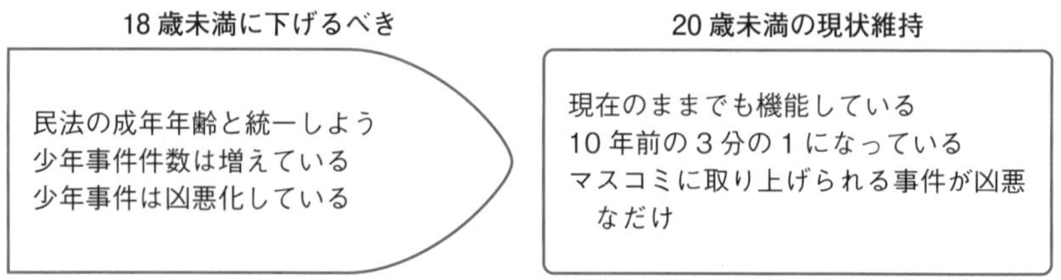

18 歳未満に下げるべき	20 歳未満の現状維持
民法の成年年齢と統一しよう　少年事件件数は増えている　少年事件は凶悪化している	現在のままでも機能している　10 年前の 3 分の 1 になっている　マスコミに取り上げられる事件が凶悪なだけ

図 9.6　少年法適用年齢引き下げについての意見の比較

い」した法律なのでしょうか。

　ここで一つの例を見てみましょう。

例：少年 A（19歳）は成人 B（20歳）と共謀して傷害事件を起こした。

　　　少年 A……万引きなどの前歴もあり，矯正処遇の必要性があるとされ少年
　　　　　　　院送致。

　　　成人 B……被害の弁償がすんでいたため，事実上の無罪放免となる。

　この例では，未成年である少年 A の罪のほうが重くなるという逆転現象が
起こっています。少年法がむやみに罪を軽くしてくれるわけではないのです。

　また，平成30年版「犯罪白書」によると，成人の刑事裁判では検察官が家
庭裁判所に起訴するのは事件全体の33％にすぎません。残りの67％は不起訴
または起訴猶予処分となります。起訴された33％のうち罰金などで終局する
事件は全体の25％で，正式な裁判となるのは全体のわずか8％にすぎないので
す。もし少年法適用年齢が18歳に引き下げられることになれば，今まで少年
として扱われていた18・19歳の少年が成人の刑事システムに組み込まれるこ
とになり，保護処分や教育的な措置の代わりに不起訴や罰金刑のみで社会に出
されてしまう恐れがあることになります。今まさに「若年者に対する新たな処
分が議論されていて」（須藤，2019），心理・教育的にどう対応できるのかが問
われているのです。

　ここまで，犯罪・非行分野で公認心理師が扱うべきいろいろなトピックにつ
いて見てきました。実はこれらすべてには，共通した視点があります。それは，
多機関・多職種との連携という考え方です。犯罪・非行の分野では，病院・学
校・裁判所・児童相談所・刑務所など，さまざまな機関が密接に関わってきま
す。そして，そこで働くいろいろな職種の人と，犯罪・非行をした者との橋渡
しが必要になってきます。両者を「つなげる役割（**システムズ・アプローチ**）」
として，公認心理師の活躍が求められています。

　犯罪という概念は線引きが明確なわけではないため，長期・継続的な対処が
必要となります。その途切れない支援のために，さまざまな機関が他の機関の
ノウハウを学びつつ連携し，専門性に基づき責任をもった関与を協働して行う
ことが大切なのです。関係機関が課題や目標を共有するための共通言語をもて

るように，調整機能の役割を求められているのが，まさに公認心理師なのでは
ないでしょうか。

■ 第9章のポイント！

1. 犯罪・非行分野の①基本的な知識，②司法行政機関の役割，③関係する法律と制
度について理解しましょう。高齢者の犯罪についても調べてみましょう。

2. 少年非行の処遇について①年齢的な処遇の違い，②成人への処遇との違いを覚え
ましょう。

3. 裁判員裁判はどのように行われるのか具体的にイメージし，心理分野としてどの
ように関わることができるのか考えてみましょう。

4. 法務省・厚生労働省・検察庁のホームページ等をのぞいてみて，最新の統計情報
やトピックについて調べてみましょう。

5. 最近増加傾向の家事事件への対処法を具体的におさえておきましょう。また，公
認心理師に求められることは何か，じっくり考えてみてください。

組織における人の行動と心理的支援
〈産業・組織に関する心理学〉

10.1 組織における人の行動

10.1.1 組織とは

　組織は「人の集まり」ですが，仲よしグループや単に人々が集まっただけの集合体とは異なります。組織は，何らかの共通の目的や目標をもつ人々が集まり，その達成を目指して協力し合うものを意味しています。バーナード（Barnard, 1938）は組織が成立するための条件として，集まった人々が①お互いに意思を伝達し合えること（コミュニケーション），②共通の目的・目標をもっていること（共通目的・目標），③目的・目標の達成に向けて貢献する意欲をもっていること（貢献意欲），をあげています。これらの条件が1つでも欠けると，組織が存続できず消滅することになると考えられています。

　企業組織では，共通目的を効率よく達成するために「分業」が取り入れられています。分業とは，1つの仕事を細分化することで，2つの基本パターンによって行われます。それは，水平的分業（目標達成に必要な仕事の分類による分担）と垂直的分業（組織全体の階層による分担）です。この分業の結果，企業組織にはいくつもの部署が形成されることになります。組織全体がバラバラになると目標達成ができなくなりますので，まとまりのある活動へと導く「統合」が必要になります。統合を担うのは「管理職」です。管理職は「統合」の機能を果たす立場であるために，リーダーシップを発揮することが求められます。

10.1.2　リーダーシップ

　リーダーとリーダーシップは違うものです。「リーダー」は人物そのものを示すことばですが，リーダーシップとはリーダーとメンバー間にある目に見えない影響力の流れであり，リーダーの働きかけをメンバーが受け入れ，反応するという，やりとり（対人的な相互作用）の中に生まれる現象です（図10.1）。ストッディル（Stogdill, 1974）は「リーダーシップとは，集団目標の達成に向けてなされる，集団の諸活動に影響を与える過程」と定義しています。リーダーシップが機能するには，メンバーの受入れが前提になります。他者に影響を与えようとする人をリーダーと呼び，影響を受ける側を，リーダーに対してのフォロワーと呼びます。リーダーが何らかの影響を及ぼすときの行動の様式をリーダーシップ・スタイルといいます。

　リーダーシップ研究は，特性アプローチ（1900〜1940年代），行動アプローチ（1940〜1960年代後半），状況適応アプローチ（1960年代後半〜），変革型リーダーシップ研究（1980年前後〜）と進展してきました。特性アプローチ（1900〜1940年代）は，優れたリーダーに共通する特性を解明しようとした研究です。これは，リーダーシップを発揮できる人には，特別な才能や資質が生まれつき備わっている，という考え方に基づくものです。しかし，研究結果からすべての場面に共通する優れたリーダーの個人特性を発見することはできませんでした。

　行動アプローチ（1940〜1960年代後半）は，優れたリーダーは，どのような行動をしているのかを明らかにし，最も効果的なリーダーの行動を解明しようとした研究です。リーダーシップは，生まれつきのものではなく，学習によって身につけることができる行動（リーダーとしての振る舞い）だとする考

図10.1　リーダーとフォロワー

え方に基づくものです。行動アプローチからの多くの研究によって，リーダーの行動は，目標設定や計画立案，メンバーへの指示などの「課題志向的行動」と，メンバーへの配慮や集団のまとまりをよくするための働きかけをするなどの「人間関係志向的行動」の2次元でとらえられることが明らかになりました。例えば，マネジアル・グリッド理論（Blake & Mouton, 1964）では，リーダーの行動を「人間に対する関心」「業績に対する関心」という2次元でとらえます。PM理論（三隅，1984）では，リーダーの行動をP機能（Performance；課題達成機能）とM機能（Maintenance；集団維持機能）の2次元でとらえます。これらの行動スタイルは生まれつきの特性ではなく，訓練や学習によって身につけられるものと考えられ，現在のリーダーシップ研修や訓練プログラムの開発につながっています。

　状況適応アプローチ（1960年代後半〜）は，すべての状況に適応され得る唯一最善の普遍的なリーダー行動スタイルは存在しないものと考え，リーダーの置かれた状況や集団の特性によって，どのようなリーダー行動が有効なのかを検討した研究です。例えば，ハーシーとブランチャード（Hersey & Blanchard, 1977）によるライフサイクル理論では，メンバーの仕事に対する「成熟度（発達レベル）」によって，効果的なリーダー行動は異なると仮定します。この理論ではリーダー行動を「指示的行動」と「支援的行動」の2次元でとらえ，集団の状況を「メンバーの成熟度」からとらえます。成熟度はフォロ

表10.1　フォロワーの成熟度と効果的なリーダー行動スタイル
（Hersey & Blanchard, 1977を基に作成）

成熟度	効果的なリーダー行動スタイル
成熟度1：熱心な初級者	指示型：指示が多く，支援的行動は少ない。フォロワーの役割遂行の手順・意思決定はリーダーが行う。
成熟度2：迷える中級者	コーチ型：指示的・支援的行動共に多い。リーダーは指示と同時にフォロワーの意見や精神状態を尋ねる。
成熟度3：波のある上級者	支援型：指示的行動は少なく，支援的行動は多い。リーダーはフォロワーを認めて，意見を積極的に聞き，フォロワーが適切な問題解決や意思決定ができるよう取りはからう。
成熟度4：安定したベテラン	委任型：指示的・支援的行動共に少ない。リーダーはフォロワーと話し合い，合意の上で目標や課題を決め，後はフォロワーに任せて成果の報告を求める。

ワーの課題に対する能力と意欲を示します。**表 10.1** に示すように，リーダー行動は指示的行動と支援的行動の組合せから，「指示型」「コーチ型」「支援型」「委任型」の 4 つの行動スタイルで構成され，リーダーは「メンバーの成熟度」に応じて，異なる行動スタイルを柔軟に使い分ける必要があるとされます。

　変革型リーダーシップ研究（1980 年前後～）は，経営環境の激変の時代に対応するために，企業における組織変革の重要性が高まるにつれて発展してきました。「変革型リーダーシップとはメンバーに外部環境への注意を促し，思考の新しい視点を与え，変化の必要性を実感させ，明確な将来の目標とビジョンを提示し，みずから進んでリスク・テイクし，変革行動を実践するリーダーシップである」（山口，1994）と定義されます。組織変革を進めるためにリーダーがどのような働きかけをすればよいのか，実際の行動や役割に焦点を当てた研究が数多くなされた結果，それらに共通して，ビジョン（目的・目標・未来の理想的な姿）の提示行動が重要だということが明らかにされてきました。しかしながら，実際の現場における組織変革期に，ビジョンをどのように構築すればよいのかなど，明確になっていない部分が多くあります。

10.2　組織を動かす力

10.2.1　動機づけ（モチベーション）理論

　動機づけ（モチベーション）とは，ある目標（報酬）に向かうやる気，意欲，情熱，「がんばるぞ！」という心の状態のことです。直接観察することはできませんが，人が目標を目指して行動する背後にある内的なエネルギーとしてとらえることができます。動機づけには 3 つのエネルギー要素があります。それは，①何らかの行動を起こそうとする欲求を起こさせる「喚起要素」，②何をするか行動を方向づける「方向性要素」，③目標達成までどの程度行動を持続・継続するのかを決定する「持続要素」，です。**図 10.2** は「個人がある目標（報酬）に刺激を受けてやる気を出し，目標達成に向かって具体的行動を選択し，目標を達成するまでその行動を継続する」という流れを示しています。

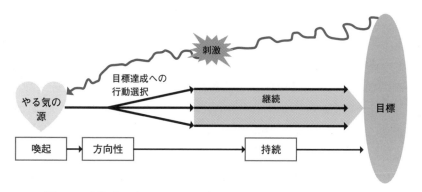

図 10.2　**動機づけ（モチベーション）の 3 つの要素，目標と行動の関係**

　なお，「動機づけ」は専門用語として「モチベーション」の語を用いること
が定着しており，意味は同じです。動機づけの源泉は 2 つに分類されています。
外から受ける刺激によって行動が生じている「**外発的動機づけ**」と，自らの内
面から湧き上がってくる情熱や思いによって行動が生じている「**内発的動機づ
け**」の 2 つです。仕事場面の外発的動機づけの例としては，金銭的報酬，昇
進・昇格，他者（上司・同僚・顧客など）からの評価・賞賛など，外からの報
酬を目指すことがあげられます。内発的動機づけの例としては，仕事そのもの
が「おもしろい」「興味がある」と感じ，意欲をかきたてられているような状
態があげられます。この場合の報酬は自分の内面にある，仕事の達成感，成長
しているという実感，自分の能力に対する自信等にあります。内発的動機づけ
は活動それ自体が満足の源であり，好奇心（その行動をもっと知りたい），熟
達（もっと上手に行いたい），挑戦（もっとやってみたい）などの要素から成
り立っています。したがって内発的動機づけは仕事への創造性や積極性をもた
らすものと考えられます。個人が働く上でも，組織の生産性を高める上でも重
要な意味をもちます。
　動機づけに関する研究は，内容理論と過程理論に大きく 2 つに分類する考え
方がよく知られています。**内容理論**は「人は何によって動機づけられるのか」
という，モチベーションの源泉である「欲求」に着目した理論です。例えば代
表的な研究として，人の欲求は一定の階層性をもつと考えたマズロー（Maslow,

A. H.) の欲求階層説や，マズローの理論を仕事の場面に関連できるように修正したアルダーファ（Alderfer, C.）の ERG 理論，マクレランド（McClelland, D.）の達成動機理論，職務への満足感に着目し満足と不満足を連続した 1 次元の両端ではなく，「満足―満足ではない」「不満足―不満足ではない」と独立した 2 次元で考えるハーツバーグ（Herzberg, F.）の動機づけ―衛生理論（2 要因理論）などがあります。**過程理論**は「モチベーションがどのように生まれ，強まったり弱まったりするのか」という，モチベーションが変化するプロセスに着目した理論です。代表的な理論として，モチベーションを「行動の結果」「誘意性（結果の価値・魅力）」「期待（ある行動がある結果をもたらす主観的な確率）」の 3 つの要素でとらえ，それらの積でモチベーションの高さを説明した期待理論や，目標のもつ動機づけ効果を検討した目標設定理論などがあります。中でも目標設定理論は 1960 年代に提唱されてから現在に至るまで膨大な実証的研究が蓄積されており，目標を設定することが組織の業績向上に影響するという考え方は，組織管理や人材マネジメントの基礎理論の一つとなっています。

10.2.2　組織風土・組織文化

　私たちは組織や職場に対して，「活気にあふれている」あるいは「重苦しい感じがする」など，それぞれの「空気」や「雰囲気」を感じることがあります。産業・組織心理学では，このような組織や職場がもつ独特の雰囲気は「**組織風土**」や「**組織文化**」として，研究の対象になっています。組織風土について，例えばリトウィンとストリンガー（Litwin & Stringer, 1968）は以下の 6 次元でとらえています。

(1) 構造……規則や基準について組織のメンバーが抱いている感情。
(2) 責任……どれほど責任をもって自律的に行動できるかという意識。
(3) 危険負担……挑戦やリスクへの意識。
(4) 報償……働いて成果を出せば相応の報酬が得られるという意識。
(5) あたたかさと支持……人間関係が良好であるという意識と相互扶助の感情。
(6) 葛藤……対立や葛藤を解決することが重視されているという意識。

　これらの組織への意識や感情は組織のメンバーの行動に影響を及ぼすと考えられています。

　組織文化について，例えばシャイン（Schein, 1985）は以下のように大きく3次元でとらえています。

(1) 具体的に目に見える次元（人工物）……職場の物理的空間やメンバーの服装，メンバー間のコミュニケーションのあり方など。

(2) 明示的形態の次元……明示される組織目標や戦略など。

(3) 組織の基本的価値基準の次元……過去の経験から徐々に形成された信念。組織文化の本質であると考えられている。

　組織風土は「観念や制度の裏づけをもたない不文律の社会規範」であるのに対して，組織文化は「価値と理念を共有することによって形成されるもの」として両者を区別する見解もあります。現実には，組織風土と組織文化は同じ意味で用いられることも多く，どのようにして望ましい組織文化を形成するか，組織文化のマネジメントが重要なテーマとなっています。

10.2.3　安全文化

　1986年に起きたチェルノブイリ原発事故を機に，安全を最優先する組織内の雰囲気作りが重要視されるようになり，「安全文化」ということばが使われるようになりました。組織メンバー全員が安全の重要性を理解し，事故防止策に積極的に取り組む姿勢や仕組みなどのあり方を「**安全文化**」といいます。「安全文化」の醸成は原子力産業や交通産業，医療のみならず，さまざまな産業・組織において重要な目標として位置づけられています。リーズン（Reason, 1997）はよき安全文化を獲得するためには，次の4つの要素を取り入れなければならないといっています。

(1) 報告する文化……エラーやミスを包み隠さず報告する。

(2) 正義の文化……組織がメンバーを公正に処遇し，罰するべきところを適切に罰する。

(3) 学習する文化……過去の事故や安全に関するさまざまな情報から学び，組織に必要だと思われる対策を実行する。

(4) 柔軟な文化……必要に応じて組織の管理や命令形態などを変えることができる。

　事故および労働災害（業務中に発生した労働者の負傷，疾病，死亡）防止に向けた組織的な取組みには，「指差呼称」（目視，指差し，作業内容を発声する等の一連の動作を行うことによって作業を確認する）や，「ヒヤリハット」（危ない場面で「ヒヤリ」としたり「ハッ」としたが事故を起こさずにすんだ体験）の確認，「KY 活動」（危険予知活動），5S（整理，整頓，清掃，清潔，しつけ）などがあります。

10.3　職場における心理的支援
——メンタルヘルス対策・心の健康確保対策

10.3.1　過労死等の防止

　「過労死等防止対策推進法」（2014（平成 26）年 11 月施行）に基づき，政府は，過労死等の防止のための対策を効果的に推進するため，「過労死等の防止のための対策に関する大綱」（2018（平成 30）年 7 月 24 日閣議決定）を定めています。「過労死等」とは，過労死等防止対策推進法第 2 条により，以下のとおり定義づけられています。

> ・業務における過重な負荷による脳血管疾患・心臓疾患を原因とする死亡。
> ・業務における強い心理的負荷による精神障害を原因とする自殺による死亡。
> ・死亡には至らないが，これらの脳血管疾患・心臓疾患，精神障害。

　長時間にわたる過重な労働は過労死等の最も深刻な要因であることから，長時間労働を削減し，良好な職場環境を作り，働く人の心理的負荷を軽減していくことが重要です（厚生労働省，2018）。職場では，長時間労働の削減に向けた取組みの徹底，ストレスチェック制度導入によるメンタルヘルス対策やハラスメント防止対策等の推進が急務となっています。

10.3.2　ストレスチェック制度

　2015（平成 27）年 12 月から「改正労働安全衛生法」が施行され，ストレス

チェック制度が義務化されました。これにより毎年1回労働者を対象にストレスの程度について検査を実施し，高ストレス者で必要な者に対して医師による面接指導を行うことが事業者に義務づけられました（労働者数50人未満の事業者は当分の間，努力義務）。定期的に労働者のストレスの状況について検査（ストレスチェック）を行い，本人にその結果を通知して自らのストレスへの気づきを促し，メンタルヘルス不調を未然に防止するとともに，検査結果を集団ごとに集計・分析し，職場におけるストレス要因を評価し，職場環境の改善につなげることで，ストレスの要因そのものも低減させることを狙いとしています。実施者は，医師・歯科医師，保健師，一定の研修を受けた看護師，精神保健福祉士，公認心理師に限り，実施者は調査票の選定や結果の送付，高ストレス者や面接指導の必要性の判断などを行います。

10.3.3 職場ハラスメントの防止

　職場のいじめ・嫌がらせを意味するハラスメントは，働く人のメンタルヘルス不全の要因となります。ハラスメントは，パワーハラスメント（パワハラ），セクシュアルハラスメント（セクハラ），マタニティハラスメント（マタハラ），アカデミックハラスメント（アカハラ），ジェンダーハラスメント（ジェンハラ），アルコールハラスメント（アルハラ）など多様に論じられますが，ここでは男女雇用機会均等法（2016（平成28）年改正）によって防止措置が義務化されたセクシュアルハラスメントと，働く人からの相談件数が増加傾向にある（厚生労働省，2017），パワーハラスメントを取り上げます。**セクシュアルハラスメント**は男女雇用機会均等法で「職場において，労働者の意に反する性的な言動が行われ，それを拒否したり抵抗したりすることによって解雇，降格，減給などの不利益を受けることや，性的な言動が行われることで職場の環境が不快なものとなったため，労働者の能力の発揮に重大な悪影響が生じること」と定義されています。セクハラは対価型と環境型の2つに大別されます（表10.2）。

　パワーハラスメントとは，「同じ職場で働く者に対して，職務上の地位や人間関係などの職場内の優位性を背景に，業務の適正な範囲を超えて，精神的・

表 10.2 対価型・環境型セクシュアルハラスメント

対価型	労働者の意に反する性的な言動に対する労働者の対応(拒否や抵抗)により,その労働者が解雇,降格,減給,労働契約の更新拒否,昇進・昇格の対象からの除外,客観的に見て不利益な配置転換などの不利益を受けること。
環境型	労働者の意に反する性的な言動により労働者の就業環境が不快なものとなったため,能力の発揮に重大な悪影響が生じるなどその労働者が就業する上で看過できない程度の支障が生じること。

表 10.3 パワーハラスメントの 6 類型

①身体的な攻撃	蹴ったり,叩いたり,社員の体に危害を加える行為。
②精神的な攻撃	暴言による精神的な攻撃。
③人間関係からの切り離し	一人だけ別室に席を離されるなど,必要もないのに,無視や仲間外しなど仕事を円滑に進めるためにならない行為。
④過大な要求	業務上明らかに不要なことや遂行不可能なことの強制,仕事の妨害など。
⑤過小な要求	業務上の合理性なく能力や経験とかけ離れた程度の低い仕事を命じることや,仕事を与えないことなど。
⑥個の侵害	私的なことに関わる不適切な発言や私的なことに立ち入る管理など。

身体的苦痛を与える又は職場環境を悪化させる行為」と定義され,裁判例や個別労働関係紛争処理事案に基づき,6 つに分類されます(表 10.3；厚生労働省,2012)。

　ハラスメントは働く人のメンタルヘルスを損なうだけでなく,企業組織においては職場の士気の低下や人材の流失,損害賠償などの問題を招く恐れがあり,未然の防止が重要です。ハラスメントが生じる背景には,職場のコミュニケーション不全があることなどが指摘されており(君嶋・北浦,2015),予防には働く人が悩みを共有できるような環境づくりが有効です。具体的な取組みとして,企業組織トップによるパワハラ予防についてのメッセージの発信やガイドラインの作成,相談窓口の設置などがあげられます。

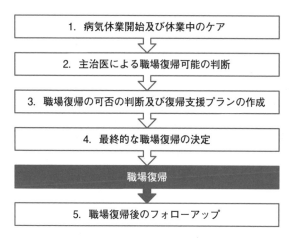

図 10.3　**職場復帰支援の流れ**（厚生労働省，2009）

10.3.4　職場復帰支援

　心の健康問題で休業している労働者が円滑に職場復帰するためには，職場復帰プログラムの策定や関連規程の整備等により，休業から復職までの流れをあらかじめ明確にしておくことが必要となります。休職した労働者がある程度まで回復してきた際に行われる職場復帰に向けたリハビリテーションプログラムを「リワーク（return-to-work）」といいます。リワークを運営する機関によって，仕事や通勤を想定したさまざまな訓練を行うプログラムが提供されます。職場復帰支援の流れは 5 つのステップになります（図 10.3；厚生労働省，2009）。

10.4　組織と個人の活性化

10.4.1　ワーク・エンゲイジメント

　仕事に誇りをもち，仕事にエネルギーを注ぎ，仕事から活力を得ていきいきしている心の状態を「**ワーク・エンゲイジメント**」といいます。島津（2015）によるとワーク・エンゲイジメントは，「仕事に誇りや，やりがいを感じている（熱意）」「仕事に熱心に取り組んでいる（没頭）」「仕事から活力を得ていき

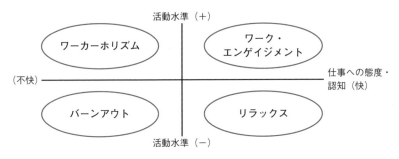

図 10.4 ワーク・エンゲイジメントと関連する概念（島津，2015）

いきとしている（活力）」の3つが揃った状態として定義されています。関連する概念として「バーンアウト（燃え尽き）」「ワーカーホリズム」「職務満足感」があります。図10.4のように，仕事で心身のエネルギーを消耗して意欲をなくしてしまうバーンアウト（燃え尽き）の対概念として位置づけられます。また，ワーカーホリズムとは，活動水準は同じ高さとして位置づけられますが，仕事へのとらえ方が異なります。ワーク・エンゲイジメントは精神的健康だけでなく，個人や組織のパフォーマンスを促進することが示されており，職場のメンタルヘルスを経営戦略の一部として推進する際の鍵概念になると考えられています。ただし，ワーク・エンゲイジメントが高い労働者は，仕事に対する熱意の高まりから長時間労働につながる可能性があるため，過重労働にならないように適切なマネジメントが必要となります。

10.4.2 キャリアコンサルティング

キャリアコンサルティングとは，働く人が自らの能力開発やキャリア形成に主体的に取り組んでいくための体系的な支援であり，職業能力開発促進法（2015（平成27）年10月改正）によって「労働者の職業の選択，職業生活設計又は職業能力の開発及び向上に関する相談に応じ，助言及び指導を行うこと」と定義されています。かつての高度経済成長期が終焉し，変化の激しいこれからの時代は，働く個人が企業組織に依存するのではなく，自己責任でキャリア開発をしていく姿勢が必要となります。2016（平成28）年4月に施行さ

れた改正職業能力開発促進法では，労働者は自ら職業生活設計（キャリアデザイン）を行い，これに即して自発的に職業能力開発に努める立場にあることが規定されました。同時に，この労働者の取組みを促進するために，事業主が講ずる措置として，キャリアコンサルティングの機会を確保し，その他の援助を行うことが規定されています。企業，需給調整機関（ハローワーク等），教育機関，若者自立支援機関などでキャリアコンサルティングを行う専門家を「キャリアコンサルタント」といいます（2018（平成30）年4月より国家資格）。

10.4.3　ダイバーシティ

　ダイバーシティは「多様性」と訳されますが，"diversity & inclusion" の略で，本来は「多様性の受容」を意味します。人口構造の変化，グローバル競争の激化，産業構造の変化，急速な技術の変化などに対応するために，企業組織自体が多様な人材を受け入れることが不可欠と考えられるようになりました。ダイバーシティ推進は，多様な属性（性別・年齢・国籍・雇用形態）や価値観を生かす戦略として，重要な経営課題となっています。ダイバーシティを労働生産性の向上につなげるためには，多様な人材が十分に能力を発揮できる雇用管理や支援が必要となります。具体的には「ワーク・ライフ・バランス（仕事と生活の調和）」施策，両立支援（仕事と病気治療・仕事と育児・仕事と介護），能力開発機会の充実（外国語や異文化コミュニケーション能力の習得など），従業員間の不合理な待遇格差（男女間・正規非正規間等）の解消，本人の希望を踏まえた配属・配置転換などが重要となります。

■ 第10章のポイント！

1. リーダーシップ研究の特徴を理解しましょう。

2. 動機づけ理論の特徴を理解しましょう。

3.「組織風土・文化」の考えと「安全文化」の重要性を理解しましょう。

4. 過労死等を防ぐための対策をまとめてみましょう。

5.「ワーク・ライフ・バランス」や「ダイバーシティ」等，組織と個人を活性化するための取組みをまとめてみましょう。

日常生活の困難と支援を考える
〈障害者（児）の心理学〉

11

11.1　障害についての考え方

　障害者とは，**身体障害**，**知的障害**または**精神障害**があるため，継続的に日常生活または社会生活に相当な制限を受ける者をいい（障害者基本法，1970），このうち18歳以上が障害者，18歳未満が障害児と定義されています（**障害者自立支援法**，2005）。

　身体障害者には**身体障害者福祉法**に定める身体上の障害がある者に対して，**身体障害者手帳**を都道府県知事，指定都市市長または中核市市長が交付します。障害の種類は①視覚障害，②聴覚または平衡機能の障害，③音声機能，言語機能またはそしゃく機能の障害，④肢体不自由，⑤心臓，じん臓または呼吸器の機能の障害，⑥ぼうこう，直腸または小腸の機能の障害，⑦ヒト免疫不全ウイルスによる免疫の機能の障害です。障害の種類別に重度の側から1級〜6級があります。

　知的障害児・者へは，一貫した指導・相談を行うとともに，これらの者に対して各種の援助措置を受けやすくするため，児童相談所または知的障害者更生相談所において知的障害と判定された者に対して，都道府県知事または指定都市市長より**療育手帳**が交付されます。知能指数が35以下もしくは，50以下で盲聾唖，もしくは肢体不自由をもつ人は重度（A），とそれ以外（B）に区分されています。

　精神障害者には精神障害者の社会復帰，自立および社会参加の促進を図ることを目的として，**精神障害者保健福祉手帳**が都道府県知事または指定都市市長より交付されます。精神疾患の状態と能力障害の状態の両面から総合的に判断

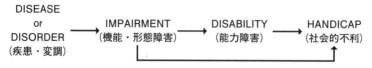

図11.1　ICIDH（WHO 国際障害分類，1980）による障害構造モデル

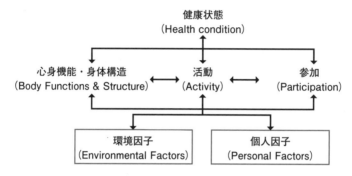

図11.2　国際生活機能分類（ICF，2001）の生活機能構造モデル

し，重度の側から1級〜3級があります。

　第54回国際保健会議（WHO 総会）において国際障害分類（ICIDH, 1980）の改訂版として国際生活機能分類（ICF, 2001）が採択されました。それまでの疾患・変調から機能・形態障害，能力障害，社会的不利を想定する3層構造のモデルは，障害をマイナスととらえる考え方でした（図11.1）。このような，マイナスを減らすのではなく，潜在的な能力を開発・発展させるようなプラスを増やそうとする考え方が広まり，機能障害でなく「心身機能・身体構造」，能力障害でなく「活動」，社会的不利でなく「参加」を用い，「機能・構造障害」「活動制限」「参加制約」を用いたモデルが提唱されています（図11.2）。

11.2　発達障害

11.2.1　発達障害とは何か

　発達障害者支援法（厚生労働省，2005，2016改正）によると，「自閉症，ア

スペルガー症候群その他の広汎性発達障害，学習障害，注意欠如多動性障害その他これに類する脳機能の障害で，通常低年齢で発現する障害で，**発達障害及び社会的障壁により日常生活または社会生活に制限を受ける**」と定義されています。

　精神疾患の診断分類・診断基準としては DSM-5 と ICD-11 があります。DSM-5 とは，アメリカ精神医学会の『精神疾患の診断・統計マニュアル（Diagnostic and Statistical Manual of Mental Disorders；DSM）』第 5 版（DSM-5；APA，2013；日本語版，2014）です。発達期に発症する障害として**神経発達症群（神経発達障害群：neurodevelopmental disorders）**を設定し，その中に，**知的能力障害，コミュニケーション症群（コミュニケーション障害群），自閉スペクトラム症（自閉症スペクトラム障害），注意欠如多動症（注意欠如多動性障害），限局性学習症（限局性学習障害），運動症群（運動障害群），他の精神発達症群（他の精神発達障害群）**が含まれています。また，WHO（世界保健機関）の『疾病及び関連保健問題の国際統計分類（International Statistical Classification of Diseases and Related Health Problem）』第 11 版（ICD-11；WHO，2018）では，精神と行動，神経発達症に発達障害の各障害が分類されています。なお，これまで英語の disorder は「障害」と訳されていましたが，DSM-5 や ICD-11 からは，「症」と表されることになります。

　発達障害の原因は生まれつき，もしくは，周産期（妊娠 22 週から出生後 7 日未満）や新生児期（生後 4 週間まで）における何らかの問題（遺伝的要因，妊娠中の問題，出産時の異常，乳幼児の病気など）により，中枢神経の気質的もしくは機能的障害によって起こるものとされていますが，いまだ，原因が解明されていないものもあります。全般的な原因としては，脳機能の障害により，ことばや社会性，情緒に問題が生じるものです。

　文部科学省が 2012（平成 24）年度に実施した「通常の学級に在籍する発達障害の可能性のある特別な教育的支援を必要とする児童生徒に関する調査」によると，学校の通常学級に在籍する子どもの 6.5% に何らかの困難が示されています。内訳としては，「聞く」「話す」「読む」「書く」「計算する」「推論する」のいずれかの学習面において困難な状況が 4.5%，「対人関係やこだわり」

などの行動面における困難な状況が 1.1％と報告されています。また，それぞれの困難な状況は重複して生じている場合が多く，困難な状況は男子 9.3％に対して，女子は 3.6％と男子が女子の 2 倍以上となっています。これらの困難な状況に対して必要な支援を受けている（もしくは受けていた）子どもは92.2％で，困難な状況を有する子ども全員が支援を受けているわけではありません。発達障害者支援法の改正により，発達障害の早期発見と早期からの支援を行い，支援が途切れなく行われること，また，発達障害者の自立および社会参加のための生活全般に支援を行い，共生する社会を実現することが基本概念としてあげられています（厚生労働省，2016）。なお，これまで使われていた軽度発達障害という用語は，発達障害の中で知的能力障害が軽度か，伴わない症状に対して使用されていましたが，発達障害の症状が軽いと誤解される可能性があることから，文部科学省では 2007（平成 19）年以降使用しないことになっています。

　知的発達や発達障害を**アセスメント**するさまざまな尺度が開発されています。全般的な知能を評価する**知能検査**（田中ビネー式知能検査・ウェクスラー式知能検査）や**発達検査**（新版 K 式発達検査・遠城寺式乳幼児分析的発達検査），**言語検査**（PVT-R 絵画語い発達検査・J.COSS 日本語理解テスト・ITPA 言語学習能力診断検査），**社会性の問題**や ASD，ADHD を評価する尺度など，単一の検査を用いるのではなく，目的に合わせて検査を組み合わせて（テスト・バッテリー）的確に評価することが必要です。

11.2.2　知的能力障害（知的発達症 / 知的発達障害）（Intellectual Disability）

　知的能力障害は発達期の初期に発症し，概念的，社会的，および実用的な領域における知的機能と適応機能の両面の欠陥を含む障害とされています（DSM-5, 2014）。脳の障害のために，知的能力に障害があり，運動能力や認知能力，言語能力などにも遅れが生じて，学習活動や集団活動，身辺の自立，他者とのコミュニケーションなどに社会で適応するには大きな制限があり，支援を必要とします。知的能力障害は発達期に発症し，知能検査によって**知能指数**

表 11.1　**知的障害の程度による分類とその状態**（厚生労働省，2005（平成 17）年）

最重度 Ⅰ	知能指数（IQ）がおおむね 20 以下で，生活全般にわたり常時個別的な援助が必要となります。 例えば，言葉でのやり取りやごく身近なことについての理解も難しく，意思表示はごく簡単なものに限られます。
重度 Ⅱ	知能指数（IQ）がおおむね 21 から 35 で，社会生活をするには，個別的な援助が必要となります。 例えば，読み書きや計算は不得手ですが，単純な会話はできます。生活習慣になっていることであれば，言葉での指示を理解し，ごく身近なことについては，身振りや 2 語文程度の短い言葉で自ら表現することができます。 日常生活では，個別的援助を必要とすることが多くなります。
中度 Ⅲ	知能指数（IQ）がおおむね 36 から 50 で，何らかの援助のもとに社会生活が可能です。 例えば，ごく簡単な読み書き計算ができますが，それを生活場面で実際に使うのは困難です。 具体的な事柄についての理解や簡単な日常会話はできますが，日常生活では声かけなどの配慮が必要です。
軽度 Ⅳ	知能指数（IQ）がおおむね 51 から 70 未満で，簡単な社会生活の決まりに従って行動することが可能です。 例えば，日常生活に差し支えない程度に身辺の事柄を理解できますが，新しい事態や時や場所に応じた対応は不十分です。 また，日常会話はできますが，抽象的な思考が不得手で，こみいった話は難しいです。

（IQ）がおおよそ 70 未満を示します。

　障害の重症度によって，軽度から最重度に分かれています。教育相談所や児童相談所などで，知能指数と社会性や日常の基本生活，暦年齢などから総合的に判断されますが，自治体によってその分類が多少異なっています。東京都では知的障害者（児）に「愛の手帳」が交付され，知的障害者の保護と自立更生の援助を図るとともに，知的障害者の児童生徒に対する社会の理解と協力が求められています（厚生労働省による分類を**表 11.1** に示します）。知能指数（IQ）が 20 以下で日常生活に支障をきたす最重度から，日常会話はできるが，抽象的な思考が難しい軽度までの 4 段階に分かれています。第 1 種もしくは第 2 種の療育手帳を取得することで各種の行政サービスを受けることができます。

　知的能力障害の原因は出生以前の原因による先天性と，出生後の原因による後天性があります。先天性としては，**染色体異常のダウン症候群やエドワーズ**

表11.2 アプガースコア

	0点	1点	2点
心拍数	60 未満	60 以上，100 未満	100 未満
呼吸	なし	弱い，または，不定期	100 以上
筋緊張	四肢弛緩	少しだけ四肢を動かす	活発に四肢を動かす
反射	なし	顔をしかめる	強く泣く
皮膚色	全身がチアノーゼ	身体が淡紅色 四肢にチアノーゼが見られる	全身が淡紅色

症候群（18 トリソミー症候群）など，21番や18番の常染色体の異常により，知的能力の問題だけでなく，心疾患などが併存している場合があります。ダウン症候群などは母体血清検査などにより出生前診断を行うことができます。知的障害のその他の原因としては，代謝性疾患（フェニルケトン尿症）や神経筋疾患（先天性筋ジストロフィー），妊娠中の毒物・薬物中毒や中枢神経感染症（風疹），てんかんによるものなどがあります。後天性の原因として，出産前後の新生児仮死や低酸素性虚血性脳症，出生後の外傷性脳損傷などによるものがあります。また，虐待など出生後の環境要因により全般的に発達が遅れる場合もあります。

　出生直後の新生児の状態を評価する指標である**アプガースコア**は心拍数，呼吸，筋緊張，反射，皮膚色の5つの評価基準について0〜2点の3段階で点数をつけ，合計点が10〜7点が正常，6〜4点が軽症仮死，3〜0点が重症仮死と判断されます。重症仮死では知的能力に障害が生じる可能性が高いと考えられています（表11.2）。

11.2.3 コミュニケーション症（コミュニケーション障害）（Communication Disorders）

　言語の習得や使用が困難で，効果的なコミュニケーションや社会参加，学業成績，職業能力の機能に制限がもたらされる**言語症**や，語音の産出に困難がある**語音症**，流暢な音節の表出が困難な小児期発症流暢症（**吃音**），社会的状況で適切なあいさつや非言語的合図の使用と理解が困難な**社会的コミュニケー**

ション症などがあります。

11.2.4　自閉スペクトラム症（自閉症スペクトラム障害）（Autistic Spectrum Disorders；ASD）

　1943 年アメリカの精神科医カナー（Kanner, L.）によってひきこもりや同一性保持，反響言語などを特徴とする早期幼児自閉症が報告され，1944 年オーストリアの小児科医アスペルガー（Asperger, H.）によってカナーの症例に酷似する自閉的精神病質が報告されました。その後，イギリスのウィング（Wing, L.）が関わりの障害，コミュニケーションの障害，こだわりの障害の 3 つの特徴を有する，**定型発達**との連続体として**自閉スペクトラム症**を報告しました。

　自閉スペクトラム症は先天的な脳機能障害で社会性やコミュニケーションの発達に問題があり，反復的常同行動や**エコラリア**，**クレーン現象**などの問題行動を示します。男女比は 5：1 と圧倒的に男児に多く，根本的な原因はわかっていません。早期から療育を行い，適応を図る必要があります。DSM-5（APA, 2013；日本語版 2014）によると，発達早期から存在し，**社会的コミュニケーションおよび対人的相互反応における欠如**と，行動，興味，または，活動の限定された反復的な様式という 2 つの典型的な症状を必須症状とした障害です。

　社会的コミュニケーションおよび対人的相互反応における欠如の例としては，対人的に異常な近づき方や，視線を合わさない，身振りの異常，想像上の遊びを他者と一緒にできない，友達作りが困難，などがあります。行動，興味，または活動の限定された反復的な様式には，おもちゃを一列に並べたり，ものを順番通りに叩いたりするなど，単調な常同運動や反復言語，独特な言い回し，儀式のようなあいさつや習慣，柔軟性に欠ける思考様式，一般的でないものへの強い愛着，感覚刺激に対する過敏もしくは鈍感さがあります。低年齢では多動性や感覚の異常，極端な偏食や睡眠障害などを示し，年齢の上昇とともに，こだわりや，強迫症状，自傷行為，他害などの問題行動が目立つようになります。早期発見と低年齢からの療育により，適応を図る必要があります。

11.2.5　注意欠如・多動症（注意欠如・多動性障害）（Attention-Deficit/Hyperactivity Disorder；ADHD）

落ち着きがなく，**注意集中の持続が困難**で，気が散りやすかったり，不注意傾向などの困難があります。症状には不注意と多動性および衝動性があり，これらの症状が12歳以前に始まるのが特徴です。

不注意は，注意の集中や持続が困難で，注意が外れたり，注意の転換が困難だったり，忘れ物が多く，指示を聞いていなかったり，順序立てて考えたり行動することができなかったりします。多動性および**衝動性**は，どんなときでもじっとしておらず，教室内を動き回ったり，手足をいつも動かしたり，一方的におしゃべりをしたりします。その場で思いついたことを状況など考慮せずに行動に移してしまったり，その場にそぐわない無遠慮で突飛な言動を行ったりします。また，不注意が優勢な場合と，多動性および衝動性が優勢な場合，両者が混在している場合の3タイプがあります。

ADHDの有病率は4～12％で，家族性に発生する傾向があります。男女比は5：1～10：1と報告によってその比率は異なりますが，圧倒的に男児に多い傾向にあります。ADHDの50％以上に読み障害や算数障害などの学習障害が合併するとの報告もあります。うまく適応できずに，年齢が上がると，反抗的行動や挑戦的，敵意の表出が伴う場合があります。治療方法としては，メチルフェニデート系の薬物療法に行動上の効果が見られるが（73～77％），20～30％は無効との報告があります。

11.2.6　学習障害（学習症）（Learning Disorder/Learning Disability）

学習障害は小学校入学後に学習面での能力のアンバランスさから顕著に示される障害です。例えば，小数点や分数の計算ができなかったり，先の見通しを立てることができないなどの困難を示します。原因としては，脳の何らかの機能障害と考えられていますが，はっきりとはわかっていません。親のしつけや本人のやる気など環境的なものが原因ではありません。また，学習能力が単に遅れているのではなく，年齢や学年や知的水準から期待される能力よりも十分に低い，もしくは能力に凹凸が生じているなどにより，学校での学習に困難が

示されます。

　学習障害の定義には，医療的定義と教育的定義があります。アメリカ精神医学会の「精神疾患の診断・統計マニュアル」第5版（DSM-5；APA，2013；日本語版，2014）では，限局性学習症（specific learning disorder）として，読字障害，算数障害，書字表出障害があります。教育的定義は文部科学省（1999）によって，「全般的な知的発達の遅れはないにもかかわらず，聞く，話す，読む，書く，計算する，または推論する能力のうち特定のものの習得と使用に著しい困難を示す様々な状態を指すもので，その原因として，中枢神経系に何らかの機能障害があると推定されるが，視覚障害，知的障害，情緒障害などの障害や，環境的要因が直接の原因になるものではない」と定義されています。

　聞くことの困難では，話しことばの理解に問題があることから，集団場面での説明や指示の理解が難しくなります。話すことの困難では，考えや思いを話しことばにうまく置き換えられなかったり，他の人にうまく伝えられなかったりします。読むことの困難では，視覚的に提示されたものの形や位置の記憶・認識ができないことから，文字や文章を読むことに困難があり，読んだ文章の内容を理解することが困難になります。書くことの困難では，視覚と運動の協応や手先の精巧さの問題から，文字や文章を書くことや綴ること，形を整えることが困難になります。計算することの困難では，数量の概念がつかめていないことや論理的に思考することができないため，九九を覚えられなかったり，繰り上がりや分数の計算が理解できなかったりします。推論することの困難では，図形の展開図や位取り，時間，場所の認識が弱く，状況判断が困難になります。

　学習障害の有病率は，欧米では5〜10％，日本では2〜8％，男女比は3：1と男子が多く，注意欠如・多動症（ADHD）や自閉スペクトラム症（ASD）を併せ持つ者も多いと考えられています。

11.2.7　運動症（運動障害）

　脳性麻痺などによる障害ではなく，協調運動技術の獲得や遂行が劣っている**発達性協調運動症（発達性協調運動障害）**は，不器用で運動の発達に遅れがあ

ります。日常生活では，靴ひもを結んだり，ボタンをはめたり，ボール遊びや片足ケンケン，縄跳び，平衡バランスなどが年齢や知能水準より大きく下回る場合をいいます。その他に，手を震わせたり，体を揺するなどの反復的で駆り立てるような運動行動を起こす常同運動症や運動チック症，もしくは音声チック症などがあります。

11.3　障害者（児）への心理社会的支援

特別支援教育とは，障害のある幼児児童生徒の自立や社会参加に向けた主体的な取組みを支援するという視点に立ち，幼児児童生徒一人ひとりの教育的ニーズを把握し，そのもてる力を高め，生活や学習上の困難を改善または克服するため，適切な指導および必要な支援を行うものです。すべての学校において，障害のある幼児児童生徒の支援をさらに充実していくこととなりました（文部科学省，2007）。

療育とは，**非定型的な発達**を示す障害のある子どもの発達を促進し，自立して生活していけるように援助するものです。障害のある子どもを早期に発見し，支援を行うことがその後の適応には必要になります。療育方法には，自閉スペクトラム症の社会性を養い日常生活で自立するための **TEACCH プログラム**や，発達障害の問題行動に対する**応用行動分析**（**ABA**），社会性の問題を支援する**ソーシャルスキルトレーニング**（Social Skill Training：SST），歪んだ思考方法を修正する**認知行動療法**，障害児の親のための**ペアレントトレーニング**などさまざまな方法から適応のためのプログラムが開発されています。これらの療育は発達障害支援センターや，児童相談所，教育相談所，医療リハビリテーションなどで実施されています。一方，ハローワークなどでは，障害者の就労に向けた就労支援が行われています。

11.4 合理的配慮

　すべての国民が，障害の有無によって分け隔てられることなく，相互に人格と個性を尊重し合いながら共生する社会の実現に向け，障害を理由とする差別の解消を推進することを目的に障害者差別解消法が制定されました（内閣府，2013）。そして，障害を理由とする差別の解消に関する法律において，障害のある方への**合理的配慮**などが求められています（内閣府，2016）。障害のあるなしにかかわらず，すべての命は同じように大切であり，かけがえのないものです。一人ひとりの命の重さは，障害のあるなしによって，少しも変わることはありません。このような価値観を社会全体で共有し，その人らしさを認め合いながら共に生きる**共生社会**の実現に向け，不当な差別的取扱いの禁止と，障害のある人から社会の中にあるバリアを取り除くために，何らかの対応を必要としているとの意思が伝えられたときに，負担の重すぎない範囲で対応する合理的配慮の提供が求められています。

　合理的配慮として，例えば，学校現場では障害のある子どもと障害のない子どもそれぞれが授業を理解し，学習に参加している充実感や達成感を得ながら，充実した時間を過ごしつつ，生きる力を身につけていけるかどうかが最も本質的な視点です。そのため障害のある児童もそうでない児童もよりわかりやすい環境整備を行う**ユニバーサルデザイン**の考え方が必要になります。例えば，教室におけるユニバーサルデザインとして，授業に集中できるように黒板周辺には必要最低限の情報のみ提示して，不要な情報をカーテンで隠すことなどが行われています。

第11章のポイント！

1. 障害の分類を理解しましょう。

2. 発達障害の種類とその特質を整理しましょう。

3. 自閉スペクトラム症と ADHD の違いを理解しましょう。

4. 発達障害の心理社会的支援の種類を理解しましょう。

5. 合理的配慮について理解しましょう。

幸福で安定した生活を支えるために
〈福祉の心理学〉

12.1 福祉心理学とは何か

12.1.1 福祉心理学の成り立ち

　福祉心理学ということばが認知され始めたのは1990年代に入った頃で，社会福祉の現場で心理的支援に関わる人たちにとってはそれ以前から意識されていた領域であることは間違いありません。心理学において「福祉心理学」という用語を最初に意図的に用いたのは戸川行男（1971）だといわれています。

　社会福祉士と介護福祉士が1987（昭和62）年に国家資格として認定が開始されると，その養成カリキュラムに「心理学」が含まれ，支援者として心理学的知識が求められるようになります。本格的に「福祉心理」を冠した専門書として網野ら（1992）によって『福祉心理臨床』が発刊され，一つの学問領域として意識されるようになります。しかし，学術団体として「福祉心理」を標榜した「日本福祉心理学会」の発足は2003（平成15）年まで待たれることになります。

　学術の流れとは別に社会構造が変化していく中で，大きな災害や事故，事件の発生によって被害者の心的外傷（トラウマ）に対する支援も急務とされ，医療・福祉現場において心理的支援の果たす役割に期待が寄せられるようになります。現在では，社会的弱者と呼ばれる人たちの福祉ニーズに応えるというだけでなく，「幸せ」の追求の実現も視野に入れた広義の福祉心理学のあり方について考えられるようになっています。

12.1.2　福祉心理学とは

　福祉心理学のいくつかの定義を要約するならば、「福祉に関する諸問題について、また福祉を必要とする人たちに対して心理学的に研究し、心理学的な技法を用いて介入支援を行うための学問領域」と考えることができます。また、福祉心理学は広義に「幸せの追求」を対象とした学問領域であるというとらえ方と、狭義の「福祉ニーズのある人へ支援を行うための心理学の活用」というとらえ方もされています。

　富樫（2018）は「福祉という用語は『幸せ』を意味するものだが、決して個人の心の内にのみある幸せを意味しない」とし、新たに「福祉心理学を心理学の系譜に社会福祉学の潮流が合流した社会福祉問題に関する心理学研究を行う学問であると考える」と述べ、応用心理学として福祉心理学をとらえています。

12.1.3　福祉現場における心理職の立場

1.　福祉と心理職

　社会福祉に関する基本的な法律には「生活保護法」「児童福祉法」「身体障害者福祉法」「知的障害者福祉法」「老人福祉法」「母子及び父子並びに寡婦福祉法」があります。これらは福祉 6 法と呼ばれ、福祉サービスの利用者の特性に合わせるような形で構成されています。その他、社会福祉に関わる法律や制度は時勢に合わせて制定・改正され、21 世紀に入ってからも「発達障害者支援法」や「障害者差別禁止法」などが新たに加えられています。

　このような福祉法制の中で福祉サービスを実践・提供する領域として、行政、教育、保健医療、司法矯正、福祉などが考えられます。具体的には児童相談所や各種児童福祉施設、刑務所、少年刑務所、拘置所、少年院、少年鑑別所および婦人補導院などの矯正施設、特別養護老人ホームや介護老人保健施設などの高齢者向け施設、そして学校などをあげることができます。

　現在このような施設のすべてで心理系職員の配置が定められているわけではありませんが、心理職として採用されていなくても職務として心理的支援やアセスメントの実施が求められる場合が多く、不明確な立場でも専門性を求められることも少なくありません。公認心理師が国家資格として定められた今日に

おいては心理職に対する期待は高くなると思われます。

2. 多職種連携とアウトリーチ

古典的な臨床心理学のアプローチは，クライエントに対する個別面接を中心とした閉ざされた空間における心理的支援を重視してきました。しかし，臨床心理学の心理的支援の対象が狭義の不適応状態から広義の不適応状態に変化していく中で，支援の方法や技術も変化しています。

公認心理師の活動領域が医療・教育・産業・福祉・司法と定義される中で，これまでの「待つ」という心理職の姿勢から自ら「出向く」ことが必要となっています。福祉では，援助が必要であるにもかかわらず，自発的に申し出をしない人々に対して積極的に働きかけて支援の実現を目指すことを**アウトリーチ**（多職種による訪問支援：例えば児童虐待やドメスティック・バイオレンス，在宅認知症高齢者支援など）と呼び，その必要性が高まっています。

このアウトリーチ活動の実践には，支援を求める人に対して必要な支援を提供するため，関わりのある専門家間の多職種連携も不可欠になっています。

12.2 福祉現場における課題

12.2.1 生活保護と貧困

1. 日本の貧困

日本において「**貧困**」ということばに対してイメージできる人は多いとはいえないかもしれません。私たちが一般的にイメージするのは「絶対的貧困」で，これは人間として生存を維持することが困難な状態を指しています。これは飢餓の状態や医療を受けること自体が困難な状態です。しかし，ここでいう貧困とは「相対的貧困」であり，その国の文化水準や生活水準と比較して困窮した状態にある場合を指しています。

厚生労働省（2017a）によれば，4人世帯の等価可処分所得が480万円でその半分を下回る約250万円が，単身世帯では約120万円が相対的貧困線となっています。また相対的貧困率は15.7％にも上っています（**図12.1**）。

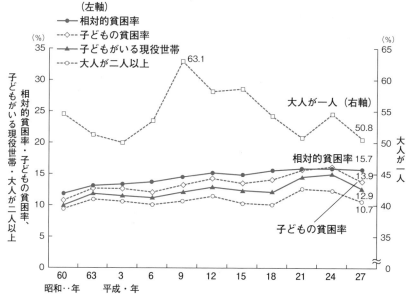

注：1）平成 6 年の数値は，兵庫県を除いたものである。
　　2）平成 27 年の数値は，熊本県を除いたものである。
　　3）貧困率は，OECD の作成基準に基づいて算出している。
　　4）大人とは 18 歳以上の者，子どもとは 17 歳以下の者をいい，現役世帯とは世帯主が 18 歳
　　　以上 65 歳未満の世帯をいう。
　　5）等価可処分所得金額不詳の世帯員は除く。

図 12.1　**貧困率の年次推移**（厚生労働省，2017a）

2. 生 活 保 護

　生活保護法とは，生活保護制度に基づく一般所得者，低所得者に対する貧困
対策として憲法 25 条の生存権を具体化した法律で，最低生活の保障と自立助
長を目的としています。

　2019（令和元）年 6 月の被保護実人員は 207 万 5,282 人，被保護世帯は 162
万 6,256 世帯と報告されています。特に高齢者の単身世帯の割合が 50.4％と半
数を占め，高齢者 2 人以上の世帯も含めると 55％を超える状況にあります。
生活保護の目的でもある自立助長・自立支援に，高齢化が大きな課題になって
いることがうかがえます（表 12.1）。

表 12.1　世帯類型別世帯数および割合（保護停止中を含まない）（厚生労働省，2019a）

総数			1,626,256	
				構成割合
世帯類型別内訳	高齢者世帯		895,514	55.1%
	（内訳）	単身世帯	818,903	50.4%
		2人以上の世帯	76,611	4.7%
	高齢者世帯を除く世帯		730,742	44.9%
	（内訳）	母子世帯	81,726	5.0%
		障害者・傷病者世帯計	406,012	25.0%
		その他の世帯	243,004	14.9%

12.2.2　児童福祉と子育て支援

1. 児童福祉法と心理職

　児童福祉法は 1947（昭和 22）年に第二次世界大戦後の戦災孤児の保護・救済という課題の中で生まれています。児童福祉法によって設置された児童相談所の役割はそこにありましたが，時代が流れ，その役割も大きく変わり，子どもの養育やしつけに始まり，発達の問題，障害に関するさまざまな問題が扱われるようになっています。また，現在では児童虐待への対応が大きな課題となっています。

　2016（平成 28）年に児童福祉法が改正され，それまで子どもは児童福祉の対象として考えられていましたが，児童福祉を受ける「権利主体」として子ども目線での転換が図られ，児童虐待の防止，家庭的養育の促進なども明確にされています。それ以降も児童虐待に関する事項についてはさらに改正が重ねられています。

　児童相談所には心理判定を担当する児童心理司（旧心理判定員）が，児童福祉司と並ぶ専門職として配置されています。児童相談所においては，心理職には心理診断と心理的支援が求められます。心理診断は心理学的知見から現状評価と今後の支援方針を発達的・心理的に見立てるもので，面接だけでなく行動観察や心理検査を含めた包括的なアセスメントが求められます（表 12.2）。

2. 子育て支援

　すべての家庭で安心して子育てができるように，2017（平成 27）年から「子

表 12.2　児童相談所で受け付ける相談の種類および主な内容（厚生労働省，2017b）

1. 養護相談		父又は母等保護者の家出，失踪，死亡，離婚，入院，稼働及び服役等による養育困難児，棄児，迷子，虐待を受けた子ども，親権を喪失した親の子，後見人を持たぬ児童等環境的問題を有する子ども，養子縁組に関する相談。
2. 保健相談		未熟児，虚弱児，内部機能障害，小児喘息，その他の疾患（精神疾患を含む）等を有する子どもに関する相談。
障害相談	3. 肢体不自由相談	肢体不自由児，運動発達の遅れに関する相談。
	4. 視聴覚障害相談	盲（弱視を含む），ろう（難聴を含む）等視聴覚障害児に関する相談。
	5. 言語発達障害等相談	構音障害，吃音，失語等音声や言語の機能障害をもつ子ども，言語発達遅滞，学習障害や注意欠陥多動性障害等発達障害を有する子ども等に関する相談。ことばの遅れの原因が知的障害，自閉症，しつけ上の問題等他の相談種別に分類される場合はそれぞれのところに入れる。
	6. 重症心身障害相談	重症心身障害児（者）に関する相談。
	7. 知的障害相談	知的障害児に関する相談。
	8. 自閉症等相談	自閉症若しくは自閉症同様の症状を呈する子どもに関する相談。
非行相談	9. ぐ犯等相談	虚言癖，浪費癖，家出，浮浪，乱暴，性的逸脱等のぐ犯行為若しくは飲酒，喫煙等の問題行動のある子ども，警察署からぐ犯少年として通告のあった子ども，又は触法行為があったと思料されても警察署から法第25条による通告のない子どもに関する相談。
	10. 触法行為等相談	触法行為があったとして警察署から法第25条による通告のあった子ども，犯罪少年に関して家庭裁判所から送致のあった子どもに関する相談。受け付けた時には通告がなくとも調査の結果，通告が予定されている子どもに関する相談についてもこれに該当する。
育成相談	11. 性格行動相談	子どもの人格の発達上問題となる反抗，友達と遊べない，落ち着きがない，内気，緘黙，不活発，家庭内暴力，生活習慣の著しい逸脱等性格もしくは行動上の問題を有する子どもに関する相談。
	12. 不登校相談	学校及び幼稚園並びに保育所に在籍中で，登校（園）していない状態にある子どもに関する相談。非行や精神疾患，養護問題が主である場合等にはそれぞれのところに分類する。
	13. 適性相談	進学適性，職業適性，学業不振等に関する相談。
	14. 育児・しつけ相談	家庭内における幼児のしつけ，子どもの性教育，遊び等に関する相談。
15. その他の相談		1〜14のいずれにも該当しない相談。1〜14のいずれにも該当しない相談。

ども・子育て支援新制度」が始まっています。この制度の特徴は，①認定こども園，幼稚園，保育所を通じた共通の給付（「施設型給付」）および小規模保育等への給付（「地域型保育給付」）の創設，②認定こども園制度の改善（幼保連携型認定こども園の改善等），③地域の実情に応じた子ども・子育て支援（利用者支援，地域子育て支援拠点，放課後児童クラブなどの「地域子ども・子育て支援事業」）の充実となっています。

この支援の背景には，家族形態の変化に伴う子育てに対する不安や親の孤立感，また待機児童の増加など保育ニーズへの支援が求められているという事実とともに，根本的な問題として出生率の低下に伴う少子化があげられます。子どもが欲しくてもそれが叶えられない環境がそこにあると考えられます。

子育て支援に対する心理職への期待も大きく，子育て世代に対するさまざまな相談（育児疲れ，育児不安，孤立，夫婦不和など）への対応をはじめとして，若年妊娠や予期せぬ妊娠に対する相談，ひとり親家庭に対する支援などが求められています。面談による相談だけでなく，その方法として電話相談なども心理職の担う支援として考えることができます。

12.2.3　障害者支援

1. 障害者総合支援法の理念

1970（昭和 45）年に障害種別を越えた「心身障害者対策基本法」が成立し，1993（平成 5）年にはノーマライゼーション理念の社会的広まりもあって同法が改正され，「障害者基本法」が制定されました。2004（平成 16）年には基本的理念として障害者への差別をしてはならないことが規定され，都道府県・市町村の障害者計画の策定が義務化されるなど大きな改正も重ねられてきています。

2013（平成 25）年に「障害者の日常生活及び社会生活を総合的に支援するための法律」（以下，障害者総合支援法）が「障害者自立支援法」を改正する形で施行され，さらに順次法改正が行われています。障害者総合支援法は「障害者が地域で暮らせる社会に，自立と共生の社会の実現」を理念としています。

2.　障害者支援と心理職

　精神障害者に対する心理職の関わりについては，臨床心理学を中心としたアプローチが知られています。精神障害の医学的治療とともに心理的支援（心理療法やアセスメント，家族支援など）については，その理論や技術が広く知られています。また，最近では発達障害（神経発達症）における臨床発達心理学からのアプローチについても心理職に期待が寄せられています。

　運動障害（肢体不自由）では，リハビリテーションにおける理学療法士や作業療法士，言語聴覚士などの果たす役割が大きくなっています。しかし，障害者の心理的世界の理解や家族の心理的支援など心理士への期待も多く，障害者心理学をもとにした支援の必要性は今後増していくと考えられます。

12.2.4　高齢者支援

1.　老人と高齢者

　老人福祉法は 1963（昭和 38）年に，高齢者の心身の健康の保持と生活の安定に必要な措置について定めた法律として制定されています。1997（平成 9）年に介護保険法が，2006（平成 18）年には高齢者虐待防止法が制定されるなど，法制度の整備は進んでいます。

　その背景として，日本の少子高齢化の問題を無視することはできません（図12.2）。特に高齢化の問題は深刻で，2019（令和元）年における 65 歳以上の高齢者は総人口の 28.1％，75 歳以上の高齢者の占める割合は 14.2％にまで上昇しています（内閣府，2019a）。また，2018（平成 30）年の日本人の平均寿命は男性 81.25 歳，女性 87.32 歳まで伸びています。

　さらに，単身高齢者世帯や高齢夫婦世帯の増加，所得の低下も加って高齢期の生活に対する不安も高まっています。

2.　高齢者支援と心理職

　高齢者支援に対する心理職の関わりとして，老人福祉施設等における支援，特に認知症に対する支援をあげることができます。当事者に対しては行動・心理症状（BPSD）の理解や支援を，家族や介護者に対しては多職種と連携して心理的支援を行うことがあります。2019（令和元）年現在，認知症高齢者に対

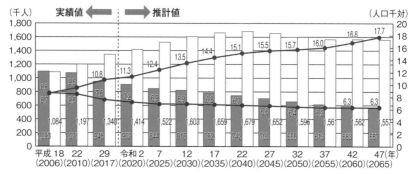

資料：2006 年，2010 年，2017 年は厚生労働省「人口動態統計」による出生数及び死亡数（いずれも日本人）。2020 年以降は国立社会保障・人口問題研究所「日本の将来推計人口（平成 29 年推計）」の出生中位・死亡中位仮定による推計結果（日本における外国人を含む）。

図 12.2　**出生数および死亡数の将来推計**（内閣府，2019a）

しては福祉領域における支援が中心となり，老人福祉施設等において心理職は必置とはされていません。しかし，認知症施策推進総合戦略（新オレンジプラン；2015）や高齢者虐待の現状などから，今後心理職に対する期待も高まるものと考えられます。

12.3　福祉現場における心理
——社会的課題と必要な支援方法

12.3.1　児童虐待への対応

1. 児童虐待とは

2000（平成 12）年に成立した「児童虐待防止等に関する法律」（以下，児童虐待防止法）によると，児童虐待は身体的虐待，心理的虐待，ネグレクト，性的虐待の4つに分けられています。しかし，これら4つがそれぞれ独立しているのではなく，複数の虐待が同時に行われている事例も少なくありません。

厚生労働省が発表した2018（平成 30）年度の児童相談所での虐待相談件数速報値では，総数 15 万 9,850 件，身体的虐待 4 万 256 件，心理的虐待 8 万 8,389 件，ネグレクト 2 万 9,474 件，性的虐待 1,731 件で，心理的虐待が全休の約 55％を占めていました。相談件数増加の背景も，児童相談所に寄せられた

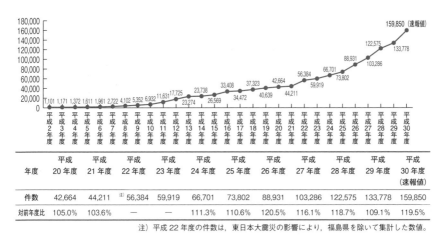

年度	平成 20 年度	平成 21 年度	平成 22 年度	平成 23 年度	平成 24 年度	平成 25 年度	平成 26 年度	平成 27 年度	平成 28 年度	平成 29 年度	平成 30 年度（速報値）
件数	42,664	44,211	注）56,384	59,919	66,701	73,802	88,931	103,286	122,575	133,778	159,850
対前年度比	105.0%	103.6%	—	—	111.3%	110.6%	120.5%	116.1%	118.7%	109.1%	119.5%

注）平成 22 年度の件数は，東日本大震災の影響により，福島県を除いて集計した数値。

図 12.3　児童虐待相談対応件数の推移（厚生労働省，2019b）

通告・相談の経路が，警察等，近隣知人，家族，学校等からが多くなっている
ことがあげられます（図 12.3）。

　また，児童虐待による死亡事例（心中死は除く）が 2017（平成 29）年では
52 件あり，決して少なくない数の子どもたちが虐待によって命を落としてい
る現実があります。

2.　児童虐待に対する心理的支援

　児童虐待が子どもに及ぼす影響は身体的なものだけでなく，発達全般，日常
生活に対する不適応，心的外傷体験による不適応行動など多岐にわたります。

　児童虐待への対応は，「発生予防」「早期発見と介入」「介入後の支援」（臨床
心理士会，2013）の 3 段階があります。

　「発生予防」には，孤立する養育者への子育て支援を通して，地域の子育て
支援の充実に向けた展開に貢献することが期待されています。また周産期母子
保健や虐待に対する教育についても，さまざまな連携を通して心理的技術の適
用が期待されています。

　「早期発見と介入」の段階では，子どもの保護が最優先されなければなりま
せん。流れとしては，①通報，②情報収集と安全確認，③方針決定，④継続的
支援，の 4 つの段階に分かれます。これには法的な手続きにのっとって対応に

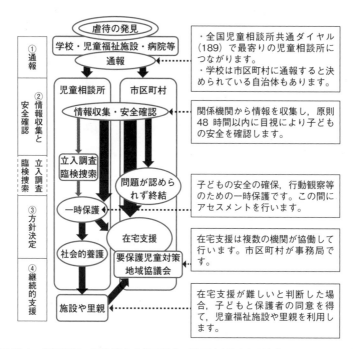

図 12.4　虐待通報・通告後の支援の流れ（社団法人臨床心理士会，2013 を改変）

あたることが必要となります。

　「介入後の支援」はその多くが在宅で行われています。子どもへのケアだけでなく家族全体への支援が重要で，多面的な支援が必要となります。

　さらに社会的養護として，児童福祉施設による「施設養護」と里親などの「家庭養護」があり，家庭に代わって社会が子ども（0〜18歳未満）の養育を担っています。心理的な支援は子どもが安心感・安全感を抱けるような配慮を基本として，諸機関や他職種との連携を通して心理学の諸理論や技術を用いて行うことが必要です（**図 12.4**）。

12.3.2　ひきこもり

1. ひきこもりとは

　厚生労働省はひきこもりを，「様々な要因の結果として社会的参加（義務教

育を含む就学，非常勤職を含む就労，家庭外での交遊など）を回避し，原則的には6カ月以上にわたって概ね家庭にとどまり続けている状態（他者と交わらない形での外出をしていてもよい）を指す現象概念」と定義しています。

　その実態については，2019（平成31）年に公表された内閣府の資料によると，40〜64歳のひきこもりの推計数は61万3,000人で，2015（平成27）年の15〜39歳のひきこもり推計数の54万1,000人を超えるものとなっています（内閣府，2019b）。ひきこもりの長期化・高齢化は家族の孤立を招き，80代の親が50代の子どもの面倒を見るという，「8050問題」としても取り上げられるようになっています。

2.「ひきこもり」への心理的支援

　厚生労働省はひきこもり対策推進事業として，ひきこもりに特化した専門的な第一次相談窓口としての機能を有する「ひきこもり地域支援センター」を都道府県，指定都市に設置しています（図12.5）。また，当事者が集う団体や家族会がその支援の入口として位置づけられています。

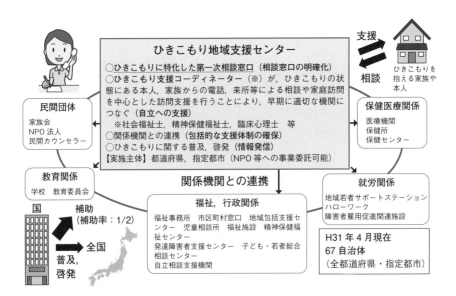

図12.5　ひきこもり地域支援センター設置運営事業（平成21年度〜）
（厚生労働省，2019c）

　ひきこもり支援の目的は，当事者が社会とのつながりを取り戻すところにあります。社会との"つながり"は多様で，福祉機関や医療機関に係ることから就労に至ることまで，さまざまなものがあります。支援方法も医学的，心理学的，福祉的，教育的などのものがあり，それらを必要性に応じて組み合わせて行われていきます。

　ひきこもりへの支援に関しては家族の支援が不可欠ですが，当初は当事者が来談することはほとんどありません。解決が難しいひきこもりへの相談では，家族に対する支援も，焦らず諦めずに継続していくことが大切です。

12.3.3　認知症高齢者への支援

1. 認知症とは

　ICD-10（1993）では，認知症を「通常，慢性あるいは進行性の脳疾患によって生じ，記憶，思考，見当識，理解，学習，言語，判断など多数の高次脳機能障害からなる症候群」と定義しています。一般的には一度獲得された知能が失われていく状態を意味し，疾患名ではなく状態像としてとらえられています。

　認知症を引き起こす代表的な疾患または状態は，アルツハイマー型認知症，前頭側頭型認知症・前頭側頭葉変性症，レビー小体型認知症，脳血管性認知症の4つがよく知られています。いずれも現在において治療は難しく，医学的，心理学的にも進行を抑えるような対応が中心になっています。

2. 認知症に対する心理的支援

　高齢者だけに有効な心理療法の存在は認められていません。そのため，高齢者にも適用可能な心理療法があると考えたほうが妥当だと思われます。面接やリハビリテーションにおける支持的な面接技法に始まり，回想法やリアリティ・オリエンテーション，ヴァリデーション，音楽療法などが知られています。いずれも機能回復や治癒を目指すものではなく，現状を受け入れ，認知症の進行を抑えることを目的としています。

　高齢者には，そこに至るまでのさまざまな人生経験や，家族をはじめとする人間関係への葛藤，残された時間に対するさまざまな思いが存在しています。高齢者に対する心理的支援を考えた場合，一番大切な要素として考えられるの

が「高齢者に対する畏敬の念」であることも忘れてはいけません。

12.3.4　精神障害者への支援

1. 精神保健福祉法の成立

　精神障害者の医療および保護・自立社会復帰の促進，精神障害発生の予防を目的とした「精神保健及び精神障害者福祉に関する法律」（精神保健福祉法）が，1995（平成7）年に精神保健法改正という形で成立しました。精神障害者の日常生活・社会生活の支援，地域生活を前提とした精神医療への転換などが法改正を経て整備されました。この法律で定められている精神障害者は，「統合失調症，精神作用物質による急性中毒又はその依存症，知的障害，精神病質その他の精神疾患を有する者」となっています。

2. 精神障害者に対する心理的支援

　精神障害者に対する心理的支援としては，障害に対する医学的なアプローチに続く治療の一環として行われるさまざまな心理療法（精神療法）や，心理アセスメントの実施をあげることができます。心理アセスメントでは，知能検査をはじめ各種パーソナリティ検査の実施や解釈に関する技術をもつことが必要です。また，心理療法としてのカウンセリング諸技術にも精通する必要があります。

　社会復帰のための支援は，社会福祉士や精神保健福祉士などと連携して行うことも求められます。当事者だけでなく，家族や周囲に対する関係調整などもこれに含まれます。

　また，改正労働安全衛生法に基づいて「ストレスチェック制度」が制定されました。実施者は，医師，保健師，所定の研修を修了した看護師・精神保健福祉士ですが，2018（平成30）年から公認心理師と歯科医師が追加されました。実施者には，精神疾患の予防という観点からも，専門的な知識が求められるようになっています。

12.4　福祉心理学とアセスメント

12.4.1　福祉領域におけるアセスメントの意味

1. 包括的アセスメント

　厚生労働省（2017c）は公認心理師の養成における心理状態の観察および結果の分析において，「生育歴等の情報，行動観察及び心理検査の結果等を統合させ，包括的に解釈を行うことができる」という達成目標を通知しています。また厚生労働省（2017d）においても，公認心理師の養成カリキュラムの基本的考え方の中で「福祉分野のうち，児童福祉施設（障害児施設・保育所を含む。）等においては，子どもの発達に関する知識や各種心理検査等の技術をもって，子どもの状態，家族像，今の問題点等を包括的に理解・評価することが求められる」と記しています。単に心理検査等の実施だけでなく，多様な技術や技法，方法を用いて総合的・包括的にアセスメントを扱う能力が求められています。

　医療や看護，特にがん医療では，身体症状，精神症状，社会経済的問題，心理的問題，実存的問題などの視点からとらえ，専門的な対応が必要な状態を見極めることを「包括的アセスメント」と呼んでおり，より広い意味で使われることもあります。

2. リスクアセスメント

　災害防止の観点から「リスクアセスメント」という概念も示されています。これは，「職場の潜在的な危険性又は有害性を見つけ出し，これを除去，低減するため手法」と定義されています。

　2017（平成29）年に，厚生労働省は児童虐待に対するリスクアセスメントツールの運用に関して，自治体や児童相談所を設置している市に対して通知を出しています。その中で，子どもに対する支援を行うため，各機関が連携し，円滑に情報を共有し共通の認識をもって支援にあたることを目的として，「児童相談所と市町村の共通リスクアセスメントシート（例）」を示しています（図12.6）。

児童相談所と市町村の共通リスクアセスメントシート（例）　別紙2

○本シートは，通告受理後の初期対応において，判明している事実と不明である事柄を把握，整理しリスクアセスメントを行う場面において活用します。「1　総合評価」では，「2　アセスメント項目」で把握した情報や確認した事項を総合的に見て，虐待の状況，課題，今後の支援内容等を記載します。記載方法等については，後述の記載上の留意点を参照してください。

児童名		性別	男　女	所属
生年月日	平成　　年　　日	年齢	歳　か月	保・幼・小・中・高（　　　）年（名称　　　　　　　　　）

通告内容	

1　総合評価

(1) 虐待の緊急度と重症度	(2) 虐待の種類			
（根拠とした理由）	□身体的虐待	□ネグレクト	□性的虐待	□心理的虐待

(3) 子どもと家族が直面している課題と虐待の背景として考えられる要因	(4) 家族や子どもの意向・希望・意見等

(5) 支援の目標（課題に対する対応及び支援内容等）	(6) 家族構成（ジェノグラム），サポート体制等
子ども 家族・その他	

(7) 次回・見直し時期	(8) 特記事項

(9) 支援方針		(10) 担当区分	児童相談所・市町村
会議実施日	平成　　年　　月　　日（　）	出席者	

図12.6　**リスクアセスメントシートの例**（厚生労働省，2017d）

12.4.2　心理アセスメントの活用

1.　心理アセスメントと福祉

　福祉領域におけるアセスメントは，問題解決のためのプロセスが重視されるため，問題解決に必要な情報の収集から，情報の分析，問題解決の現実性や予測までを含めて考えることが多いようです。しかし，「心理アセスメント」といった場合，広義には心理学的技術を用いた問題解決のための仮説を導くプロセスであり，狭義には面接をはじめとするさまざまな心理学的技術（例えば回想法など）を用いた査定方法を指しています。

2.　福祉領域で用いられる心理検査法

　知能検査は知能の測定を目的として行われる検査で，児童相談所や教育相談所では「田中ビネー式知能検査」や「WISC-Ⅳ」などの個別式知能検査が用いられることが多く，乳幼児から学童期にかけては「新版K式発達検査」なども用いられます。

　高齢期の認知症スクリーニング検査として，見当識や記憶に関する問題などから作成されている「長谷川式スケール（HDS-R）」，また，見当識，記憶（即時再生と遅延再生），計算，図形模写などの問題から構成されている「ミニメンタルステート検査（MMSE）」などをあげることができます。

　これ以外にも対象者の理解の補助的な手段として，パーソナリティ検査や家族関係に関するアセスメントがあります。

■　第12章のポイント！

1. 福祉と心理学の関係について考えてみましょう。
2. アウトリーチの取組みについて整理してみましょう。
3. 児童虐待の分類と児童相談所の関わりについて整理してみましょう。
4. 各種障害に対する，状態像に応じた心理的支援方法について考えてみましょう。
5. 高齢者支援における今後の課題について整理してみましょう。

個人と組織の健康のために
〈健康と医療の心理学〉

13.1　ストレスと心身の疾病との関係

13.1.1　ライフサイクルと心の健康

1. 健康とライフサイクル

　ひと昔前，「成人病」という概念が一般的に使われていました。糖尿病や脳卒中，がんや心臓病など，いわゆる怖い病気は 40 代から 60 代の働き盛りの年代に多く，慢性疾患として考えられていたためです。

　近年，肥満や高血圧，動脈硬化なども含めて，働き盛りの年代に限らず若年層にもその罹患が認められるようになりました（図 13.1）。その原因は，年齢

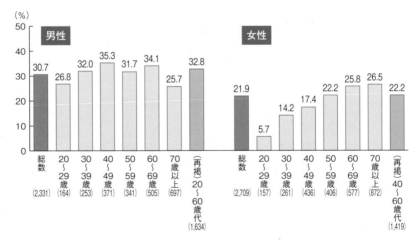

図 13.1　肥満者（BMI（体重（kg）/（身長（m））²）≧ 25）の割合（20 歳以上，性・年齢階級別）
（厚生労働省 平成 29 年度国民健康・栄養調査報告，2018 より）

よりも生活習慣によるところが大きいことから，1997（平成9）年に厚生省（現 厚生労働省）によって呼称が「**生活習慣病**」と改められています。

　一時は各ライフステージに特有な疾患や疾病があることが言われていましたが，生活習慣病のように年齢ではなくその他の要因によって疾患や疾病が起こることも理解されるようになり，ライフサイクルを通して健康について考えることが求められるようになってきました。

　心の健康を考えてみても，不登校やいじめの問題については学齢期から青年期にかけて注目されていますが，これはこの時期だけの問題ではなく，成人期以降の会社不適応や対人関係不適応の問題にも関係があるといえます。また，認知症は高齢者だけが罹患するものととらえていると，若年性認知症に対する理解も進まないでしょう。

　ストレスやバーンアウトは，誰しもがどの年代においても経験するかもしれない健康に関わる問題です。私たち自身の健康に対する考え方を，ライフサイクル全体を通したものに改めていくことが必要となっています。

2. 疾病の予防

　コミュニティ心理学では，疾病に対する治療よりも**予防**に重きをおき，取り組むべき課題として予防的介入の重要性が取り上げられています。

　疾病の予防に関しては，医学・公衆衛生学の概念を精神医療に取り入れたカプラン（Caplan, G.）の予防の定義がよく知られています。カプランは予防を一次予防，二次予防，三次予防に分類し，二次予防は一次予防を含み，三次予防は一次予防と二次予防を含むと考えました。

(1) 一次予防……病気を生み出す機会が生ずる前に，有害な環境を防止すること（セルフケアや啓発活動等による予防）。

(2) 二次予防……早期診断と有効な治療によって罹病期間を短くし，症例数を少なくすること（早期発見と早期治療）。

(3) 三次予防……精神障害によって被った地域社会の機能低下の程度を減少させること（再発防止のリハビリテーションや社会復帰の促進）。

　一般的に予防といわれているのは「一次予防」に該当しますが，再発の防止という観点から考えると三次予防も重要で，医療をはじめ心理，福祉，行政な

どにおいて地域社会との連携が不可欠となります。

13.1.2　ストレスとバーンアウト

1. ストレスとは

　セリエ（Selye, H.）は，ストレスを「外界のあらゆる要求に対して生じる生体の非特異的反応」と定義しました。彼は生体が損傷を受けると副腎や胸腺，消化器に一定の生理学的反応が起こることを見出し，ストレス状態は生体が適応するため生理学的変化が引き起こされた状態と考えました。そしてストレス状態を生じさせた刺激をストレッサーと呼んで，ストレスと区別しています。

　一方，ラザルス（Lazarus, R. S.）とフォークマン（Folkman, S.）は，個人と環境の相互作用によってストレスが引き起こされるとしました。彼らの考え方は心理的ストレスモデルと呼ばれ，個人が外部からの刺激をどのように受け止めるかが問題であるとしました。そして，外界からの刺激が有害か無害か（認知的評価），コントロールが可能か難しいか（コーピング），という評価の結果として情動的ストレス反応が生じると考えました。ラザルスらは，この情動的ストレス反応の低減のために，2つの対処方略がとられることも示しています。それは，具体的な対策を練り直接的な原因を解決するために努力する問題焦点型対処と，情動の調整を目的とした情動焦点型対処です。

2. ストレスが引き起こすさまざまな疾患

　ストレス状況が長期化すると，身体的にも精神的にも変調をきたし，抑うつや無力感，絶望感，集中力の低下や思考の混乱，健忘などの不適応行動が現れ，適応障害や心身症，精神障害を引き起こす可能性が高くなっていきます。

　日本心身医学会によると，心身症は心理社会的なストレスの影響で，実際に身体的な（機能的・器質的）障害が現れた疾病群としてとらえられています。個人がストレスを自覚していなくても発症・悪化することが多く，一般的な医学的治療だけでは改善が困難で，心理社会的なストレス状況に対してアプローチすることが一般的な治療法となっています。心身症の代表的な身体疾患として，過敏性腸症候群，機能性ディスペプシア，本態性高血圧，アトピー性皮膚炎，頭痛（筋緊張型頭痛，片頭痛など），疼痛性障害などをあげることができます。

表 13.1　**タイプ A とタイプ C の行動パターン**（山村・髙橋, 2017 より作成）

タイプ A	タイプ C
・強い目標達成衝動をもち, 一度に多くのことをやろうとする。 ・競争心旺盛で野心的で挑戦的な言動をする。 ・時間に追われている感じをもち, 急性でイラつきやすく態度にあらわす。 ・過敏で警戒的, 特徴的なしぐさや神経質な癖をもつ。	・怒りを表に出さず, 怒りの感情に気がつかない。 ・不安, 恐れ, 悲しみを経験したり表出したりしない。 ・対人関係において忍耐強く, 控えめで, 協力的, 権威に対して従順。 ・周囲に配慮を行い自分の要求を満たそうとせず, 自己犠牲的。

3. ストレスと心理的特性

　冠状動脈心疾患あるいは虚血性心疾患とストレスの関係については, タイプ A の行動パターンがよく指摘されています。

　フリードマン（Friedman, M.）とローゼンマン（Rosenman, R. H.）は, 虚血性心疾患（狭心症や心筋梗塞）を起こす人の行動特徴として「タイプ A」の行動パターンをあげています。タイプ A とは, 過度の活動性, 時間に追われている, 競争的, 攻撃的などの行動特徴をもち, バリバリ働くワンマン経営者のような行動を常にとる人を指します。このタイプは自ら心理的ストレッサーを作り出してしまうため慢性的なストレス状態にあり, 心臓への負担が大きくなってしまうと考えられています（表 13.1）。

　また, テモショック（Temoshok, L.）は「タイプ C」という行動パターンを明らかにしています。これはがん患者に多く見られる行動パターンとして知られていますが, 怒り・恐れを抑制し, 適切なコーピングができないため絶望感に陥りやすく, 抑うつ的になりやすいと考えられています（表 13.1）。さらに, これらに属さない適応的なタイプを「タイプ B」と呼んでいます。

　以上のことから, タイプ A は心疾患での死亡率が高く, タイプ C はがんでの死亡率が高いということが明らかになっています。

4. アレキシサイミア（失感情症）

　アレキシサイミア（失感情症）とは感情を失ってしまう病気のことではなく, 自分の感情の理解やその感情の言語化における障害として考えられています。本来は心身症発症の仕組みの説明で用いられる概念ですが, 最近ではストレス

対処や対人関係をめぐる問題との関連の中で研究が行われています。

　シフネオス（Sifneos, P. E.）は，心身症の患者に共通した特徴として，生気が感じられず，フラストレーションや葛藤を感じる状況を回避しようとする傾向があること，「自分の感情を表現することばを見つけるのが難しい」というように，認知の歪みによって自分の感情を表現できない，という特徴をあげています。

　本来，私たち人間の心と体は密接な関係にあり，心の変化は体の変化となって現れてくることが多く，心身症の患者ではこの結びつきがうまくいかないといわれています。

5. バーンアウト（燃え尽き症候群）

　職場の人間関係に起因するストレス反応の一つに，**バーンアウト（燃え尽き症候群）**があげられます。マスラックとジャクソン（Maslach & Jackson, 1981）は，「長期間にわたり人に援助する過程で心的エネルギーが絶えず過度に要求された結果，極度の心身の疲労と感情の枯渇を主とする症候群であり，卑下，自己嫌悪，関心や思いやりの喪失を伴う状態」と定義しています。文字通り燃え尽きてしまい，職務や労働に対する意欲が急激に低下した状態です（図 13.2）。

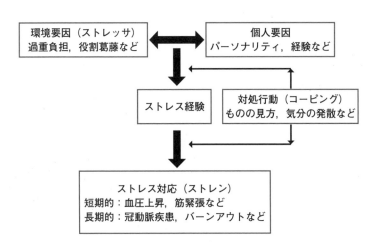

図 13.2　バーンアウトの因果図式（久保，2007）

バーンアウトの主な状態として，マスラックは以下の3つをあげています。

(1) 情緒的消耗感……「仕事を通じて，情緒的に力を出し尽くし，消耗してしまった状態」と定義されます。心理的なエネルギーを使い果たし，心身共に疲れ果て気力を失った状態です。

(2) 脱人格化……「クライエントに対する無情で非人間的な対応」と定義されます。相手を軽んじて尊重せず，機械的に仕事をこなすなど，冷淡で人間性を欠くような態度・感情を有する態度を示します。

(3) 個人的達成感……「ヒューマンサービスの職務に関わる有能感，達成感」と定義されます。ここでは仕事に従事していても達成感が得られず，自分が無能で役に立たないという気持ちになる状態を示しています。

　バーンアウトは，対人援助従事者の場合，提供するサービスの質に大きな影響を与えると考えられます。バーンアウトに至る人の特徴として，高いレベルのサービスを提供してきた人に多く，それだけにバーンアウトに至る前と後のサービスの質の差が顕著になります。

13.2　医療現場における心理社会的課題と必要な支援

13.2.1　健康と疾病

1. 健康の定義

　健康の定義としては，世界保健機関（WHO）による「健康とは，身体的にも精神的にも社会的にも完全に良好な状態を意味するものであって，単に病気または病弱でない，ということではない」というものがよく知られていいます。これは領域を越えて良好な状態が必要なこと，そして健康を求めることが人間における基本的権利として認められていることを前提としています。

　それでは疾病とはどんな状態なのでしょうか。一般的には，疾病は「生体の全身的または部分的な構造や心身の機能に障害を起こしている状態」と定義されています。医学的な根拠に基づく客観的側面によるところが大きいのは事実ですが，患者自身の心理的・社会的体験の影響という主観的側面も考慮しなくてはならないと考えられています。

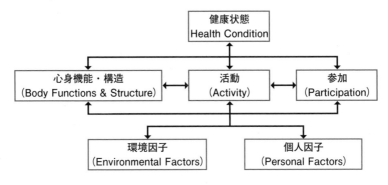

図 13.3　**国際生活機能分類（ICF）**（WHO, 2001）

　この疾病の定義中にも見られる「障害」については ICF（International Classification of Functioning, Disability and Health；国際生活機能分類）が WHO から提唱されています（図 13.3）。ICF では，障害を取り巻く環境の重要性や個人的な要因などを加味して，生活機能の視点から障害をとらえることが試みられており，客観的には同じ障害であっても，その個人を取り巻く環境や個人の障害のとらえ方によって，状態像に違いが見られることが示されています。

2. 患者の心理

　「患者」と呼ばれる立場になったとき，私たちはどのような心理状態になっていくのでしょうか。パーソンズ（Persons, T.）は「病気になった人は病者という社会的地位とそれに期待される役割を持つ」としています。これは病気になることによって社会的役割に変化が生じることを意味し，パーソンズは治療をするために医師や看護師に依存することや援助を求めることをあげています。しかし，現実には積極的に治療を望まない人たちもいると考えられ，すべての病者が医療従事者にとって望ましい行動をとるとは限らないことも考慮に入れなくてはなりません。

　病気や障害の程度，病気に対する心理状態についても個人ごとに異なっていますが，患者の一般的心理を考えた場合，その特徴として共通してあげなければならないのは「不安」という特性で，病気や障害に伴うさまざまな「喪失」

からもたらされる孤独感やうつ的傾向，依存性などもこの「不安」に伴うものと考えられています。このほか病気に伴い自己中心的，利己的な傾向の出現や，病気から早く回復したいという気持ちとは逆に，病気に逃避してしまうような両価性も，一般的な心理的傾向として考えることができます。

3. さまざまな疾患に対する心理的支援

　近年，これまで治療が難しかったさまざまな疾患に対して医療の光が当てられるようになりました。例えば，がんに対するがんゲノム医療をあげることができます。がんゲノム医療はがん組織を用いて遺伝子変異を明らかにすることにより，一人ひとりの体質や病状に合わせて治療などを行うものです。最新の治療に関しては，患者の不安を取り除くためにも，治癒の可能性や治療のリスク，その他の心理的課題について一方的な説明だけでなく，対話形式によって患者や家族が自律的に望ましい行動を選択できるよう，援助するコミュニケーションがとられるようになってきています。

　そのような中，遺伝子疾患に対する遺伝子カウンセリングが注目されるようになっています。遺伝子カウンセリングは，遺伝疾患の発症や発症リスクの医学的影響，心理学的影響および家族への影響を理解し，それに適応していくことを助ける過程と理解されています。しかし，遺伝子カウンセリングは，医療現場で求められる単なる説明と同意（インフォームド・コンセント）の取得とも，心理的支援を目的とする心理療法とも異なるとされています。強いて言えば，患者自身の自己決定を尊重する過程については，カウンセリングということばによる概念が共有できるかもしれません。

13.2.2　チーム医療と多職種連携

1. 医療における連携

　厚生労働省のチーム医療推進方策検討ワーキンググループ（2011）は，**チーム医療**を推進する目的は，専門職種の積極的な活用，多職種間協働を図ること等により医療の質を高めるとともに，効率的な医療サービスを提供することにあるとしています。さらに，医療の質的な改善を図るためには，①コミュニケーション，②情報の共有化，③チームマネジメントの3つの視点が重要であ

り，効率的な医療サービスを提供するためには，①情報の共有，②業務の標準化が必要であるとしています。

　チーム医療の基本的な考え方は，さまざまな医療現場で共通しますが，具体的な取組み内容は，急性期，回復期，維持期，在宅期においてそれぞれ異なります。また，そこで関わる職種もその時期ごとに異なり，医師や看護師だけでなく福祉職や心理職の関わりも重要になってきます。

　心理職の関わりにおいては精神科領域においてはもちろんのこと，その他の診療科においても，患者だけでなく家族や関係者に対する心理的支援や援助，QOL（Quality Of Life；生活の質）の向上が期待されるようになっています。

2.　精神科リエゾンチーム

　リエゾン（liaison）は，フランス語で「連携」「連絡」「つなぎ」という意味があります。近年，医療が高度化していく中で従来の医師だけでは十分に対応できなくなっているという背景があり，医療効果を高めていくために医師，看護師，薬剤師，心理職などの専門職が連携協同して医療サービスを提供することが必要となっています。

　心理職の関わることが多い精神科医療におけるリエゾンチームは，精神科医をはじめ，精神科リエゾン専任の常勤看護師，精神保健福祉士，作業療法士，薬剤師，臨床心理技術者で構成されます（図 13.4）。チームの役割は，①精神

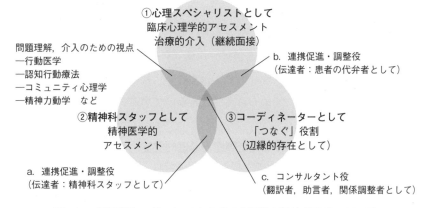

図 13.4　**精神科リエゾンチームにおける心理職の役割**（冨岡ら，2013）

症状の評価，治療，心理療法の実施，外部医療機関の連携実施など患者への直接介入，②精神疾患の啓蒙活動，危機管理意識の向上，医療安全意識向上などの病院全体への介入，③チーム支援による安心感，心理的対応技術の向上など教育支援としての治療者への介入，④メンタルヘルス研修や，医療事故に際して心的外傷に対する継続支援など，専門支援による職員のメンタルヘルスの担当，があげられます。

13.3　保健活動における心理的支援

13.3.1　保健・福祉活動の現状

　保健・福祉領域における支援については，「福祉心理学」という領域の確立によってその内容が知られるようになってきました（詳しくは第12章参照）。この領域は，心理学と保健学，社会福祉学との複合領域であることもあり，「誰がどこで何を支援するのか」については，その資質や専門性から議論されている現状もあります。しかし，専門性の異なる人たちが協同することによって，これまで困難であった課題にも対応する力をもつことができるようになります。

　現代社会が抱える課題は，ライフステージの中で個別の案件として発生しているのではなく，ライフサイクルという一生を通した課題として検討されなくてはなりません。乳幼児の心身の発達に関わる問題に始まり，児童虐待や育児放棄，不登校，いじめ，貧困，ひきこもり，うつ，薬物やアルコール依存，職場のメンタルヘルス，病後の社会復帰，自死（自殺），認知症，老後の生活など，問題の多さに驚かされます。医療だけでなく，福祉・保健分野から心理的支援を行うことも必然的に求められる時代となっているのです。

13.3.2　ライフサイクルから見た課題と心理的支援

1.　子どもと発達相談

　発達相談を広義にとらえると，子どもの心身の発達に関するすべての問題に対して行われる相談として位置づけられ，医師や保健師，栄養士，心理士など

によって行われる，乳幼児健診（悉皆検診）も含めて考えることができます。これをスクリーニングとして，より専門的な相談支援を行うような発達相談も行われています。

　近年では，医師が行う発達障害などへの治療的な支援も発達相談ととらえられ，その過程における心理士によるアセスメントの実施や，作業療法士，言語療法士，心理士が中心となって行う療育の重要性も認識されています。

2. 児童虐待と心理的支援

　特に児童虐待に対する社会的関心は高く，親による子どもへの体罰を禁止するとともに，児童相談所の体制強化を盛り込んだ改正児童虐待防止法と改正児童福祉法が，2019（令和元）年に成立しています。児童虐待に関して，被虐待児に対する見立てや心理的支援のみならず，職員のサポートにも心理職が求められます。また，潜在的に児童虐待の可能性がある親に対する相談・支援活動も，重要な意味をもつようになっています。

3. 不登校・いじめと教育相談

　2017（平成29）年度の小・中学生の不登校生徒数は約14万4,000人，小・中・高・特別支援学校でのいじめの認知件数は約41万4,000件と，その数には驚かされる状況になっています。特にいじめに関しては，2013（平成25）年にいじめ防止に関する基本方針や措置に関する「いじめ防止対策推進法」が制定され，いじめの定義が変わり，その具体的な対策が求められるようになりました。それには，学校内でのいじめの防止，心理職としてのスクールカウンセラーの配置，スクールソーシャルワーカーの活用など，教員だけでなく多職種による支援体制と，教育相談の充実が考えられます。

4. 職場のメンタルヘルス

　厚生労働省（2017）は，「労働者の心の健康の保持増進のための指針」において，メンタルヘルス不調を未然に防止する「一次予防」，メンタルヘルス不調を早期に発見し，適切な措置を行う「二次予防」，メンタルヘルス不調となった労働者の職場復帰支援等を行う「三次予防」が円滑に行われるようにする必要性を示しています。また，メンタルヘルスケアの具体的な進め方について，①セルフケア，②ラインによるケア，③事業場内産業保健スタッフによる

ケア，④事業場外資源によるケア，の4つを効果的に推進していくことも求めています。

5. 高齢化するひきこもり

ひきこもりの背景は多様であり，支援の方法も医学的，福祉的，心理学的，教育的，社会的など，さまざまな観点から複合的に行うことが求められます。ひきこもりの背景は容易に解明できない場合も多く，その支援には困難を伴うことが多いようです。特に近年，8050問題といわれるように，80歳代になった親が50歳代のひきこもりの子どもの面倒を見なければならないという現状も指摘されています。そのような中，心理職による関わりに期待が寄せられています。

6. 認知症と高齢者介護

日本の全人口の65歳以上の高齢者が占める割合は，2019（令和元）年に28.4％となり，100歳以上人口も約7万人を超えるところまで高齢化が進んできています。その中で，認知症患者は2025年には730万人に達すると予測されています。高齢者介護の問題の中では認知症に対する課題が大きく，心理学的アプローチによる貢献が期待されています。しかし，高齢者支援に特化した心理的支援の開発や人材の育成は，これからの課題にもなっています。

13.4 災害時等の心理的支援

13.4.1 災害時の支援と心理職の関わり

1. 災害が起きたときに

災害が発生したときの心理的支援について，日本でも多くのことを考えさせられる事象が起こり，多くの心理職がその対応に苦慮してきました。災害が起こった場合，まずは安全を守るための支援を優先することが大切であることは言うまでもありません。心理的支援は災害における危機的な状況から脱し，日常を取り戻していく過程の中で必要となっていきます。

心理士が関わる災害支援は，避難生活における避難者の心のケアの必要性を理解し，障害をもつ人たちの居場所について考えていくことが必要となります。

表 13.2　PFA とは何か

・実際に役立つケアや支援を提供する，ただし押し付けない。
・ニーズや心配事を確認する。
・生きていく上での基本的ニーズ（食料，水，情報など）を満たす手助けをする。
・話を聞く，ただし話すことを無理強いしない。
・安心させ，心を落ち着けるように手助けする。
・その人が情報やサービス，社会的支援を得るための手助けをする。
・それ以上の危害を受けないように守る。

東日本大震災のときには，子どもたちが避難所生活の中で声を出して遊ぶことができず，彼らの居場所やストレスが問題になりました。そのようなとき，心理士が地域と連携し，子どもの情報を伝え，連絡システムを構築するなど，その役割は大きいものとなります。必要な支援を考えることも大切ですが，逆に「必要のない支援」についても考えることが大切なことを，私たちは先の災害を通して学びました。被災者を支援すると同時に，支援者を支援することが間接的に被災者を支援することにもつながっていくということもあるのです。

2. サイコロジカル・ファーストエイド

　WHO（2011）は，深刻な危機的出来事に見舞われた人たちに対して行う，人道的，支持的，かつ実際的な支援のことを**サイコロジカル・ファーストエイド**（Psychological First Aid；PFA）と呼び，心理的な支援に限らない社会的支援の必要性についての指針をまとめています。ここでは，「PFA とは何か」という問いに対して，上述したように同じ人として行う人道的，支持的な対応であると述べるとともに，**表 13.2** のような事柄についても触れています。

　ここでは紙幅の都合上，詳しく述べることはできませんが，WHO による『心理的応急処置（サイコロジカル・ファーストエイド：PFA）フィールド・ガイド』を読んでみて頂ければと思います。

3. こころのチームケア・災害派遣精神医療チーム（DPAT）

　厚生労働省は，災害によって精神保健医療への需要が拡大した場合，被災地域の精神保健医療ニーズの把握，他の保健医療体制との連携，各種関係機関等とのマネジメント，専門性の高い精神科医療の提供と精神保健活動の支援が必要なことから，**災害派遣精神医療チーム**（DPAT：Disaster Psychiatric Assistance Team）を都道府県および指定都市に組織しています。

　DPAT は精神科医，看護師，業務調整員を含めた数名で構成され，被災地域からの派遣要請に基づき，本部活動，情報収集とニーズアセスメント，情報発信，被災地での精神科医療の提供，被災地での精神保健活動への専門的支援，被災した医療機関への専門的支援（患者避難への支援を含む），支援者（地域の医療従事者，救急隊員，自治体職員等）への専門的支援などを行うことを主な活動としています。その他に，心理・社会的支援活動との連携や医療的バックアップも行います。

　また，被災地域のニーズに合わせて，児童精神科医，薬剤師，保健師，精神保健福祉士や臨床心理技術者等を含めて適宜構成することも求められています。災害支援への心理職の今後の活躍が期待されるものでもあります。

第13章のポイント！

1. カプランの予防の概念について整理し，具体的な事例について考えてみましょう。
2. ストレスとバーンアウトが私たちに及ぼす影響について整理しましょう。
3. 健康と疾病の概念を通して，患者と医療従事者のそれぞれの心理について考えてみましょう。
4. 多職種連携における心理職のあり方と課題についてまとめてみましょう。
5. 災害時の心理的支援について，PFA などの考え方を踏まえて検討してみましょう。

適応と
その人らしさ
〈臨床・パーソナリティ心理学〉

14

14.1 臨床心理学の誕生

「臨床心理学」という学問分野は，19世紀末にアメリカで生まれました。ウィットマー（Witmer, L.）は，ペンシルベニア大学において心理クリニックを開設し，アメリカ心理学会の年次総会で初めて「臨床心理学（clinical psychology）」という語を用いた講演を行いました。これが，臨床心理学の誕生といわれる出来事です。

アメリカ心理学会（American Psychological Association；APA）では，臨床心理学を「科学，理論，実践を統合して，人間行動の適応調整や人格的成長を促進し，さらには不適応，障害，苦悩の成り立ちを研究し，問題を予測し，そして問題を軽減，解消することをめざす学問である」と定義しています。さらに，臨床心理学の教育訓練において，科学者であることと実践者であることの両者を兼ね備える**科学者―実践者モデル**（scientist-practitioner model）が基本モデルとされています。臨床心理学に関わる専門家は，実践家であるとともに科学者であることを求められるのです。

14.2 代表的な心理療法

14.2.1 力動的心理療法

力動的心理療法とは，ウィットマーと同時期にヨーロッパで活躍したフロイト（Freud, S.）が創始した精神分析学に基づく心理療法です。フロイトは，心理的な問題にはクライエントが認識している「意識」のほか，「無意識」が作

用していると考えました。無意識の中には抑圧された欲求が隠されており，自由連想法などの方法を用いて明らかにすることで，心理的な問題の解決を行いました。力動的心理療法の基本原則には，下記のような項目があげられます。

- 精神生活の大部分は無意識である。
- 幼少期の経験は，遺伝的な要因とあいまって成人期に決定する。
- 患者の治療者に対する転移が主な理解の根源になる。
- 治療者の逆転移は，患者が他者に引き起こすものについて適切な理解を与える。
- 治療過程に対する患者の抵抗が，治療の主な焦点になる。
- 症候や行動は種々の機能を果たしており，それを決定するのは複合的で多くの場合無意識的な力である。
- 心理力動的治療者は，患者が自分は真っ当でかけがえのない存在だという感覚に到達できるように援助する。　　　　（Gabbard, 2010 狩野監訳 2012）

　フロイトは，幼少期の養育者との関係のあり方が後の心理的問題の要因になると考えました。養育者との関わりが不適切であったときに，そのときの対人相互作用のパターンが後のさまざまな人間関係にも影を落とし，問題や葛藤へとつながると考えたのです。こうしたパターンは，心理療法を行うセラピストとの関係の中でも繰り返され，それを「**転移**」と呼びました。クライエントは養育者との関係を，セラピストとの関わりの中でも繰り返し，治療の中で扱っていくことで，問題の解決を目指します。

　転移のような問題となる対人関係のパターンのことを「**防衛機制**」と呼び，表 14.1 のようなものがあげられます。

　フロイトは，人の心を，意識・前意識・無意識の 3 つの部分で構成されると考えましたが，後にその中に自我・エス・超自我の 3 つの相になっているとしました。エスは無意識にある本能的欲求としてあり，性的な欲求（リビドー）が根源的なものであると唱えました。そして，エスは楽しいものを求め，不快なものを避ける「快楽原則」に基づいていると考えました。超自我は，社会的に望ましい規範として機能するもので，本能的な衝動を検閲すると考えました。

表 14.1　**主な防衛機制**（前田，2014 より一部抜粋）

抑圧	苦痛な感情や記憶を意識から閉め出す。
退行	早期の発達段階に戻る，現実より退く。
置き換え	代理満足。
投影	相手の感情や欲求を人のせいにする。
反動形成	本心とは裏腹な行動をとる。
転換	不満，葛藤を身体的症状に置き換える。
合理化	いやな考えを正当化する。
昇華	欲求，感情を社会的に有用なものに置き換える。
補償	劣等感を他の方法でおぎなう。

この両者がバランスをとり，自我が成立し調整していると考えたのです。この考え方は，その当時より議論を呼び，共に精神分析学を発展させてきたユング（Jung, C. G.）やアドラー（Adler, A.）の離反を招きました。

　アドラーは，人間の心理は相反するような機能をもつのではなく，分けることのできない一体のものであると考え，「**個人心理学**（individual psychology）」を創始しました。アドラーの弟子たちは，個人のもつ心理的な機制を「ライフスタイル」と呼び，その機制を明らかにするライフスタイル診断として早期回想法を用いました。

　フロイト以後，力動的心理療法は自我心理学や対象関係論，自己心理学，対人関係学など多様な学派を生み出し発展してきました。

14.2.2　行動療法

　1960 年前後に起こった**行動療法**は，「現代学習理論に基づいた実験によって基礎づけられた行動修正法」（Eysenck, 1958）と定義されます。これは，さまざまな問題は誤った学習が原因であると考え，誤った学習の結果である行動を修正したり，新たな行動を獲得したりすることで改善を図る療法です。学習心理学の知見をもとに，問題を改善する手法が開発されました。

　学習心理学では，生得的な反応と環境の刺激との連合作用については「レスポンデント反応」として，学習性の反応と環境の刺激との連合作用については

「オペラント反応」としてその行動を扱います。レスポンデント反応である，緊張や恐怖，不安といった反応に対しては，ウォルピ（Wolpe, J.）によって系統的脱感作法やエクスポージャー法が開発されました。

　系統的脱感作法とは，恐怖を伴うイメージを弛緩状態で生起させて不安を軽減させるという方法です。例えば，不登校の生徒に対して，自宅の自分の部屋，自宅の玄関，通学路，校門，学校の玄関，教室，保健室，相談室など各々の場所において感じる不安を10段階で評価してもらい，不安を感じたときにはリラックスできる脱感作法を実施し，少しずつその不安の段階を克服していくものです。

　また**エクスポージャー法**とは，不安や苦痛を克服するため，患者が恐怖を抱いているものや状況に対して，危険を伴うことなく直面させるものです。例えば，閉所に不安や恐怖を感じる患者に対して，安全な閉所に一定時間いてもらい，その後その不安や恐怖が問題なく対処可能な経験であったことを振り返り，克服していくものです。患者にとって，エクスポージャー法は負担が大きい方法ですが，効果は系統的脱感作法よりも高いことが知られています。

　また，オペラント反応である，新たな行動の獲得や問題行動の解決に対しては，スキナー（Skinner, B. F.）のオペラント行動に関する知見をもとにした行動変容法として，分化強化法，トークンエコノミー法，セルフモニタリングといった技法が開発されました。

　後にエリス（Ellis, A.）やベック（Beck, A. T.）が，情報処理理論に基づく認知療法を開発し，社会的学習理論と学習理論の融合から**認知行動療法**と呼ばれるさまざまな介入技法を開発しました。認知行動療法では，疾患や症状ごとに介入方法を開発し，統合失調症や抑うつ，不安障害などに有効な技法として広まりました。

　近年では，認知行動療法と行動療法，行動分析学の融合が進み，第三世代の行動療法と呼ばれる技法が現れました。パーソナリティ障害などの行動化の激しい症例に対する弁証法的行動療法，慢性的な痛みや障害に対するアクセプタンス＆コミットメントセラピー，禅の瞑想の技法などを取り入れたマインドフルネス認知療法などは，これまでの心理療法では困難とされてきた症例に対

する心理療法として，その発展が期待されています。

14.2.3　来談者中心療法とその他の心理療法

　マズローやロジャーズ（Rogers, C. R.）は，フロイトや行動療法の手法を批判し，人間性心理学を構築しました。**人間性心理学**においては，人間の健康で正常な面を強調し，人のもつ「自己実現傾向」から「人の持っている基本的な動機づけの傾向であり，これにより人は必ず健全になり，成長の方向にむかうもの」（Rogers, 1951）と考えました。

　ロジャーズはカウンセリング心理学の発展に最も偉大な功績を残した人物の一人であり，**来談者中心療法**の創始者として知られています。彼は，人が心の不調を抱えるとき，自分の経験と自己の概念が一致していない状態であると考えました。そこでクライエントの自己一致を目的とする来談者中心療法として，クライエント自身のもつ力で自己実現ができるよう，カウンセラーが共感的に理解し，無条件の肯定的配慮を示すこと，カウンセラー自身が互いの感情について鋭敏で自己否定をしない純粋性をもつことなどを重視しました。

　これらの心理療法の他にも，日本独自に発展した心理療法には森田正馬による「森田療法」や吉本伊信による「内観療法」などがあります。

14.3　心理療法の実践領域

　心理療法は，心理職が中心となり医療機関や教育機関，福祉施設，企業内などで広く行われるようになりました。

　教育領域においては，学校におけるいじめや不登校の増加など，さまざまな問題を背景に，子どもや家族の抱える悩みを受け止め，心理学の知見を活用するために，心の専門家としてスクールカウンセラーを全国の小学校・中学校・高等学校に配置してきました。スクールカウンセラーは，児童生徒が抱える学校ではカバーすることが難しい問題に，専門性を必要とする役割を担い，学校のもつ教育相談機能がよりよく果たせるように働いています。

> ### スクールカウンセラーの機能
> - 児童生徒に対する相談・助言
> - 保護者や教職員に対する相談（カウンセリング，コンサルテーション）
> - 校内会議等への参加
> - 教職員や児童生徒への研修や講話
> - 相談者への心理的な見立てや対応
> - ストレスチェックやストレスマネジメント等の予防的対応
> - 事件・事故等の緊急対応における被害児童生徒の心のケア
>
> （文部科学省，2007）

　このほか，学習上の困難さや集団参加の困難さを抱える児童生徒に対する就学相談や，一人ひとりに合わせた教育方法を検討するための心理的アセスメントや支援方法を検討する特別支援教育に関わる領域など，教育領域における心理的支援の関わる分野は広がりを見せています。

　医療領域では，軽度の心理的な問題から精神疾患，精神障害といった「精神科医療」で心理職が心理的アセスメントを行う役割を担ってきましたが，抑うつ症状に対する認知行動療法の効果が認められ，医師とともに心理療法を行うことが期待されています。慢性疾患を抱える患者への支援や高齢者の認知症のケア，緩和ケア，グリーフワークなどを含む終末期ケアなど，さまざまな職種の専門家と協働し連携するリエゾンが求められています。

　福祉領域においては，適切な支援を行うための障害の程度のアセスメントを行うことが期待されてきました。企業や地域において合理的配慮を行うことが求められていく中で，インクルージョンを実現する手段を，障害を抱える人々とともに検討したり，問題となっている行動の機能を明らかにしたりする「機能的アセスメント」などを通した支援が求められています。また，高齢者の認知症予防のために，さまざまな認知機能を高める支援やプログラムが開発されています。

　産業領域においては，企業内における就労者の心理的な支援を行う EAP（Employee Assistant Program）が広がりを見せています。EAP は，アメリカ

においてアルコール嗜癖の就労者が増加したことを契機に始まり，現在では抑うつや精神疾患を抱えた就労者の就労支援，復職支援や，勤労者のストレスチェックなどの予防的な支援などが行われています。近年では，組織心理学や行動分析学をもとに，組織のパフォーマンスをより高めるために，心理学の専門性を生かす**組織行動分析**（Organization Behavior Management；OBM）なども用いられるようになりました。

14.4　パーソナリティとは何か

14.4.1　パーソナリティの概念および形成過程

　人々の心のありようについて，古来よりさまざまな分類や類型化が試みられてきました。パーソナリティとは，「個人のうちにあって，その個人の特徴的な行動や思考を決定する精神身体的体系の力動的体制である」とオルポート（Allport, G. W.）は定義しました。すなわち，気質やパーソナリティ，自我，知能など，人のもつ考え方や行動の仕方について，状況の変化や時間の変化にかかわらず，比較的一貫している安定した精神的能力といえるでしょう。

　パーソナリティの発達については，その人のもつ遺伝的な性質がもととなっているとする考えや，生まれた後の育て方や育ち方といった環境によって形成されていくとする考えがあり，教育や哲学，医学の領域において議論が繰り返されてきました。

　フロイトが唱えた精神分析学においては，乳幼児期から始まる母子関係などを通して心理的機制が形成されていくと考えていました。乳幼児期に適切な関わりが行われないことが，後々の心理的な問題の要因となると考えたからです。フロイトは心理発達の段階（psycho-sexual stages）として，口唇期，肛門期，男根期をあげています。人生の初期の発達において，性的衝動は身体的な刺激を受けて満足が得られると考え，その部位を口，肛門，性器と性欲求の満足の度合いによって発達段階に固着が生じ，性格的傾向を生むと考えたのです。

　この考えをエリクソン（Erikson, E. H.）は発展させ，年代ごとに達成すべき心理的な障壁を漸成的発達理論として提唱しました。フロイトの説く口唇期

を信頼 対 不信，肛門期を自立 対 疑惑，男根期を自発性 対 罪悪感，潜在期と
性器期に勤勉性 対 劣等感，同一性 対 役割拡散を対応させています。その後，
エリクソンは発達段階を成人期，中年期，老年期と拡張しました。フロイトは
人間のもつ心理発達段階を性的衝動と関連づけ，エリクソンはそれを人の社会
的な関わりという環境の要因と関連づけました。

14.4.2　パーソナリティの類型論

　パーソナリティの概念については，パーソナリティをいくつかのパターンに
分類する類型論と呼ばれる考え方と，いくつかのパーソナリティの特徴の組合
せからなるとする特性論と呼ばれる考え方が代表的です。

　類型論で代表的なものの一つは，クレッチマーのパーソナリティ類型です。
精神科医であったクレッチマー（Kretschmer, E.）は，多くの精神病患者を診
察する中で，代表的な精神病である統合失調症と躁うつ病，てんかんに特徴的
な体型があると考えました。クレッチマーは体型を4つのタイプに分類し，痩
せ型，闘士型，肥満型，形成不全型と名づけ，統合失調症には痩せ型と形成不
全型が多く，躁うつ病には肥満型，てんかんは闘士型が多いことを見出しまし
た。そして患者の病前性格や家族の気質に基づいて，健常者にも分裂気質
（schizothymia），躁うつ（循環）気質（cyclothymia），粘着気質（viscous）の
分類を適用できると考えました。クレッチマーは，この気質分類は体型だけで
なく，精神運動性のテンポや手の協応動作，筆圧などとも対応関係があること
を確認しています。

　ユング（Jung, C. G.）は，精神的エネルギーとしてのリビドーが，自分自身
に向かう傾向を「内向型（introvert type）」，客体である他者へ向かうことを
「外向型（extrovert type）」と名づけました。ユングは，精神の基本的機能を
思考，感情，感覚，直感に分け，それぞれについて内向型と外向型を設定しま
した。すなわち，内向型思考，外向型思考，内向型感情，外向型感情，内向型
感覚，外向型感覚，内向型直感，外向型直感の8つの類型に分類されます。

14.4.3　パーソナリティの特性論

　20世紀に入ってから**特性論**を主張したオルポートは，一般的な辞書である『ウェブスター辞典』から1万7,953語のさまざまなパーソナリティを表す特性語を抽出し，形容詞を主とするそれらの用語を4つに分類しました。第1群は実際的な特性を表す語，第2群は心の一時的な状態を表す語，第3群は評価を表す語，第4群はその他の語でした。オルポートは，多くの人々に共通する特性と個人に独自の特性があり，共通特性を表出的特性と態度特性に分け，特性の基礎をなす要因を身体，知能，気質の3つの側面に分けて記述しました。表出的特性は適応のための力動的なもので，目標に向かう行動を特徴づけるものであり，態度特性はある特定の状況に対する適応の様式として，パーソナリティを多面的にとらえ，検討しました。

　その後，キャッテル（Cattell, R.）はパーソナリティを「ある人がある状況において何をするか予測させるもの」と定義し，行動の規則性，一貫性を説明する心理的構造として特性を用いました。

　キャッテルはオルポートにならい，特性を階層化してパーソナリティの構造を示しました。キャッテルは4,500語を同義語でまとめた171語を用いて，相関の高い項目をまとめ，35個のクラスターを見出しました。その後，6つのクラスターを追加し，42個の特性を抽出しました。このうちの16個の特性について測定するために，16PF（The Sixteen Personality Factor Questionnaire）という性格検査を作成して，普遍的なパーソナリティ因子を確立しようと試みました。これは，因子分析法を用いた数量的なパーソナリティ測定の最初期の試みでした。

　アイゼンク（Eysenck, H. J.）は，精神医学的資料や質問紙法，手先の器用さや運動反応などの実験的行動検査，クレッチマーらの体格などの生理的測定を用い，これに「ギルフォード人格目録」の一部を加えて，「**モーズレイ人格目録（MPI）**」を作成しました。アイゼンクは，一次的な因子としてユングの類型論にあたる内向性と外向性に対応した因子を，二次的な因子では因子分析法を用いた特性を，その下に習慣的な反応，個別的な反応が連なっていく階層的な構造を構想しました。その後，パーソナリティの構造の2因子モデルを提

案し，内向性と外向性因子，精神病質と正常，神経症と正常の3つの次元から
なるモデルを，実験的，統計的な方法により操作的に定義しました。

　近年，ゴールドバーグ（Goldberg, L. R.）によるビッグ・ファイブ（Big
Five；性格の5大因子）が，パーソナリティの安定的な特性として提唱されま
した。ビッグ・ファイブは，外向性（extraversion），神経症傾向（neuroticism），
誠実性（conscientiousness），調和性（agreeableness），そして経験への開放性
（openness to experience）からなる5因子説です。コスタとマックレー（Costa,
P. T., & McCrae, R. R., 2008）は，6つの下位次元をもち5つの次元を構成する
240項目からなる「ネオ・パーソナリティ目録改訂版（NEO-PI-R)」を作成し
ています。ビッグ・ファイブで示されている NEO-PI-R の各特性は，**表14.2**
のような内容から構成されています。

　人間のパーソナリティは，考え方や行動の仕方における個人差として，状況
が変化しても変わらず，その人らしい行動傾向をもつように，一貫して安定し
ているものと考えられていました。ミシェル（Mischel, W.）は『パーソナリ
ティと評価（*Personality and assessment*)』（1968）において，このような状況
を越えて一貫した行動の現れる「通状況的一貫性」は，知的機能などの一部を
除くとほとんど現れることがないことを指摘しました。すなわち，ある場面に
おいて何らかのパーソナリティ傾向をもつ人が，他の場面においても一貫して

表14.2　ビッグ・ファイブで示されている NEO-PI-R の各特性

特性因子	代表的な特性尺度
開放性	伝統的―独創的，冒険心のない―大胆な，保守的な―進歩的な
誠実性	不注意な―用心深い，信頼できない―信頼できる，怠慢な―誠実な
外向性	内気な―社交的な，静かな―おしゃべりな，抑制した―のびのびした
調和性	イライラした―落ち着いた，冷酷な―優しい心の，自己中心的な―無私無欲な
神経症的傾向	落ち着いた―心配性な，強い―傷つきやすい，安定した―不安定な

同様の傾向を示す証拠はないということです。この議論によって，人に内在していると考えられてきた何らかの特性よりも，環境の要因である状況のほうが，行動の予測においては重要であるという状況論が展開され，これまでのパーソナリティ研究が見直されていくことになりました（人間—状況論争）。

14.5　パーソナリティ検査

　これまでパーソナリティを測定するためにさまざまな方法が用いられてきました。近年は測定された結果に一般性が担保されるように，実験的，統計的な手法が用いられるようになってきました。

　パーソナリティ検査の標準化には，測定論的には，検査の信頼性が高いこと，妥当性があること，検査の実施や採点方法の客観性が保たれていること，偏りのない母集団に基づいた基準尺度が構成されていることが必要となります。特にテストを作成するときは，信頼性と妥当性を考慮する必要があり，両者は古典的テスト理論に位置づけられています。

　パーソナリティ検査には，質問紙法，投影法，作業検査法が主に用いられています。

14.5.1　質問紙法

　これは，質問項目で構成された質問紙の回答から，その人のパーソナリティ特性を知ろうとする方法です。質問紙法は，多くの人々に同時かつ簡単に実施することができ，結果の解釈についても主観が入らず，実施する人の熟達を必要としないという利点がある一方，回答者の自己報告に基づくために，自分をよく見せようとする傾向への対応や，質問内容の解釈や内容を理解する能力が求められます。質問紙法を用いた代表的な検査には「矢田部ギルフォード性格検査（YG 性格検査）」やミネソタ多面人格目録（MMPI；Minnesota Multiphasic Personality Inventory）をあげることができます。

　MMPI は 10 の臨床尺度，および 4 つの妥当性尺度で構成されており，質問項目も 550 問と最も多い検査です。MMPI では，質問項目が多いため，カー

ド式やディスプレイでの表示式，検査者による読み上げなどの方法を用いることがあります。

14.5.2　投 影 法

投影法は「あいまい」な刺激を被検者に示し，その刺激に対する反応からその人のパーソナリティをとらえようとする検査法です。漠然とした，あるいはあいまいな刺激図形に対する反応を分析，解釈して，パーソナリティの無意識の側面をとらえようとするものです。検査の意図がわかりづらいので，意図的に答えを歪めようとする回答が困難であり，パーソナリティの全体的，力動的な側面を，深層にわたってとらえることが可能だと考えられています。一方で，分析や解釈には検査者の熟達が求められ，標準化が困難であるという面もあります。代表的な検査にはロールシャッハ・テストや，TAT（Thematic Apperception Test；主題統覚検査・絵画統覚検査），SCT（Sentence Completion Test；文章完成法）があります。

TATは，マレーとモルガン（Murray, H. A., & Morgan, C. D.）が1935年に開発し，比較的構成度の高い刺激図版から自由に物語を作らせ，その物語の主人公の感じる欲求や圧力，行動のレベル，問題解決の方法，物語の結末を評定してパーソナリティを知ろうとする検査です。

またSCTは，不完全な文章を呈示し，それを自由に補足させて全文を完成させ，その文章を評定することからパーソナリティを知ろうとする検査です。これは投影法ですが個人でも集団でも実施できる検査であり，小学生や中学生などを対象にした質問紙も作成されています。反応文に表れたことばを重視して内容分析を行い，エネルギーや精神的分化度，パーソナリティ類型などを評価します。

14.5.3　作業検査法

作業検査法とは，被検者に簡単な一定の作業をしてもらい，そこでの実際の行動および作業経過や作業結果からパーソナリティ，態度，能力を測定しようとする方法です。

　代表的な検査である内田クレペリン精神検査は，1桁の数字の連続加算作業を，1行1分で前半後半15分ずつ行い，各行の到達量，平均作業量，加算の誤り，飛び越しの有無などを総合的に評定することによって性格を知ろうとする検査です。作業検査法は，投影法と同様に意図的に回答を歪めようとすることが困難で，また集団で一斉に行うことができるため，人の行動特性や性格特性を客観的に判定，職種の適性を見つけ出す検査として使われています。

■ 第14章のポイント！

1. フロイトの防衛機制についてまとめ，理解しましょう。
2. 行動療法と来談者中心療法その他の療法について，提唱者とその内容を覚えましょう。
3. パーソナリティの類型論について理解しましょう。
4. パーソナリティの特性論について理解し，ビッグ・ファイブ（Big Five：性格の5大因子）の因子を覚えましょう。
5. パーソナリティ検査の分類方法とその特徴について理解しましょう。

現代心理学の
成り立ち
〈心理学の歴史〉

15

15.1　近代心理学の始まり

15.1.1　心理学の誕生

　これまでの各章で紹介された心理学の理論や概念の多くは，実験や観察，調査や検査を通じて客観的にデータを収集し，分析される中で作られてきたものです。しかし，このような科学的な方法を用いた近代心理学の歴史は浅く，ドイツの心理学者ヴント（Wundt, W. M., 1832-1920）がライプチヒ大学に世界初の心理学実験室を創設した 1879 年が始まりだといわれています。それ以前にも，多くの学者や宗教家が人間の心について探求していましたが，それらは思弁によるものがほとんどで，現代の心理学とはほど遠いものでした。

15.1.2　ヴントの心理学

　心を科学的に研究するためには，まず，データを収集する必要があります。ヴントは，そのデータ収集方法として，**内観法**を用いました。内観法とは，実験参加者自身にさまざまな刺激を与え，そのときに意識した事柄を，細かく要素に分けて観察するというものです。例えば，実験参加者に刺激としてリンゴを与えたとしましょう。そうすると，実験参加者は，視覚を通じて「丸い」「赤い」，嗅覚を通じて「いい匂い」，あるいは触覚を通じて「ツルツルした」などと意識します。この意識した事柄を実験参加者自身が観察し，すべて報告するのです。このように，内観法を用いて心を探求する方法を**内観主義**，意識を観察することで心を検討することを**意識主義**といいます。

　この意識を研究対象とする内観法を通じて，ヴントは，人間の心がこれ以上

分解することができない心的要素と，それらを結合させる**統覚**から成り立っていると考え，その心的要素と統覚のメカニズムを解明することが心理学の目的であると主張しました。これは，水が水素と酸素の化合物であるとする化学の考え方と，よく似ています。このように心を分解可能な要素から成り立っているとする考え方を**要素主義**や**構成主義**といいます。

15.1.3　ヴント心理学の広がりと批判

　ヴントは，研究だけでなく，教育にも力を注ぎました。そして，彼のもとには世界各国から多くの留学生が集まり，帰国後，母国で科学的な心理学の普及に貢献しました（図15.1）。アメリカからは後に米国心理学会を組織したホール（Hall, G. S., 1844-1924）が，イギリスからは構成主義をアメリカに広めたティチェナー（Titchener, E. B., 1867-1927）が，そして日本からも東京大学や京都大学に心理学実験室を創設した松本亦太郎（1865-1943）らが留学しています。

　このように，科学的心理学が世界各国に普及し，発展する一方で，ヴントの心理学——内観主義，要素主義・構成主義，意識主義の問題点や限界が明らかになり，各方面から批判を受けることになりました。しかし，批判的に継承されていくことで，現代の心理学の源流というべき，3つの心理学——行動主義心理学，ゲシュタルト心理学，精神分析の考え方が生まれることになります。

図15.1　ヴントと弟子たち

15.2 現代の心理学の源流

15.2.1 行動主義心理学

　ヴントの心理学のうち，内観主義を批判したのが，アメリカの心理学者ワトソン（Watson, J. B., 1878-1953）です。彼は，内観法は実験参加者が自身の意識を観察し報告することから，データに実験参加者の主観が入り込んでしまう点を批判しました。そして，誰もが客観的に観察可能な**行動**を研究対象にすべきだと考えました。さらに，意識のような人間の心すなわち内的過程を解明するのではなく，パブロフ（Pavlov, I. P., 1849-1936）が明らかにした**古典的条件づけ**のように，刺激（S）と反応（R）が結びつく法則を明らかにし，行動を予測・コントロールすることが心理学の目的であると主張しました。このような考え方を，**行動主義**心理学といいます（Watson, 1912）。また，彼は，生後11カ月の乳児に対する恐怖条件づけ実験（図15.2：3.2.2参照）から，人間は生まれたときは白紙の状態で，その後の環境での経験を通じて適性や個性が形成されると考えました。このような考えを**環境主義**といいます。以上のようなワトソンの考えは，当時の心理学の中では過激であったため，なかなか受け入れられませんでした。しかし，科学としての客観性を備えていることから，次第に普及し，後の心理学に強い影響を及ぼすことになります。

　ワトソンが心理学の世界から去ったあと，彼の行動主義を継承・発展させて

図15.2　ワトソンの恐怖条件づけ実験（Watson & Rayner, 1920）

いった研究者たちの考えを，**新行動主義**といいます。その中でもアメリカの心理学者ハル（Hull, C. L., 1884-1952）とトールマン（Tolman, E. C., 1886-1959）は，行動主義の考え方を継承しつつ，刺激（**独立変数**といいます）と反応（**従属変数**といいます）の間にある内的過程（**媒介変数**といいます）をとらえる方法を模索しました。その方法が，**操作的定義**です。例えば，食べ物（独立変数）を食べるか食べないか（従属変数）は，食欲の程度（媒介変数）によって決まると予測できます。しかし，食欲は内的過程なので観察できません。そこで，しばらく絶食していた人に食べ物を与えたときの摂食量を測定します。そうすることで，食欲という観察できない媒介変数を，観察可能な絶食状態（独立変数）と摂食量（従属変数）との関係によって定義でき，客観的にとらえることができるのです。ただし，操作的定義によってとらえられた内的過程は，独立変数と従属変数の関係で仮定された概念（**仮説構成概念**といいます）にすぎません。もしかしたら，独立変数と従属変数の関係をもっとうまく説明できる別の概念があるかもしれないのです。実際，ネズミの迷路学習について，ハルとトールマンとでは，違った仮説構成概念を設定しています。ハルは，ネズミが空腹なほどエサのあるゴールに早く到着することから，動因という仮説構成概念を考え，この動因を低減させることが学習であると考える**動因低減説**を提唱しました（Hull, 1943）。一方，トールマンは，迷路を走った経験のあるネズミはゴールにエサを置くと迷わず到着できることから，頭の中に**認知地図**を作ることが学習であるとする**予期説**を提唱しました（Tolman, 1932）。

　一方，同じ新行動主義に分類されるスキナー（Skinner, B. F., 1904-1990）は，ハルやトールマンと違い，**オペラント条件づけ**の研究を通じて，ワトソンの行動主義や環境主義の考えを徹底させました。すなわち，心理学の目的は，行動を予測しコントロールすることであるから，内的過程を考える必要はない。むしろ，どのような刺激が与えられたら，どのような反応が生じるのかを，多くの実験を通じて記録していくほうが重要だ，と主張したのです（Skinner, 1938）。このように，完全に内的過程すなわち心を無視するスキナーの考え方を，**徹底的行動主義**といいます。この考え方は，とても実用的です。例えば，教師が子どもに勉強させたいとき，学習意欲や興味・関心を高めようとします

が，それらは観察不可能な内的過程なので，つかみどころがありません。しかし，その子が勉強するような教材や指導方法を用意さえすれば，容易に勉強させることができます。また，不適応的な行動や感情に苦しむ人に対しても，適応的な行動や感情を促す状況や刺激を与えることができれば，不適応的な行動や感情を引き起こす内的過程を解明する必要もなく，苦しみから救うことができます。実際，スキナーは，教育分野では**プログラム学習**という学習指導の方法を，心理的問題については**応用行動分析学**という心理療法を開発しました。これらは，現在でも学校現場や心理臨床で活用されています。

15.2.2　ゲシュタルト心理学

　ヴントの心理学のうち，要素主義や構成主義の側面を批判したのが，**ゲシュタルト心理学**を創始したドイツの心理学者ヴェルトハイマー（Wertheimer, M., 1880-1943）やコフカ（Koffka, K., 1886-1941），ケーラー（Köhler, W., 1887-1967）たちです。ゲシュタルトとは，全体を部分の寄せ集めとしてではなく，ひとまとまりとしてとらえた対象の姿，形態を意味します。

　1910 年，ヴェルトハイマーは，列車に乗っているときに，ある実験を思いつき，途中のフランクフルトで下車します。そして，大学で助手をしていたコフカとケーラーの助けを借りて，その実験を試みました。その実験とは，映写機で，太い線と細い線，あるいは水平な線（＿）と斜めの線（／）を連続させて投影するというものでした。すると，太い線と細い線は縮小・膨張して見え，水平の線と斜めの線は動いているように見えます。実際には動きは存在していないにもかかわらず知覚が生じることから，ヴェルトハイマーはこのような現象を**仮現運動**あるいは**ファイ現象**と呼びました（Wertheimer, 1912）。この仮現運動は，意識されるものは要素に分解でき，その要素が結合したものが意識であると考えるヴントの要素主義や構成主義と矛盾します。なぜなら，仮現運動の中にある要素は太い線や細い線だけであり，水平な線と斜めの線だけであって，動きは存在しないからです。このような現象は，錯視現象や全体を簡潔に知覚しようとする**プレグナンツの原理**にも見られます。ゲシュタルト心理学の考えを「全体は部分の総和以上である」と表現することがありますが，こ

れは，私たちが要素としてバラバラに世界を知覚しているのではなく，それを能動的にまとめ上げ，要素の組合せ以上の世界，つまりゲシュタルトを作り上げていることを示しています。

　ケーラーは，このようなゲシュタルト心理学の考えを，問題解決学習に見出しました。行動主義心理学の先駆けとなるアメリカの心理学者ソーンダイク（Thorndike, E., 1874-1949）は，与えられた問題を解決しようとするとき，人間を含めた多くの動物は，初めは失敗を繰り返しますが，徐々にその失敗を減らしていき，最終的に成功に結びつく行動を学習する，と考えました（Thorndike, 1898）。このような試行錯誤的な学習を**道具的条件づけ**（**オペラント条件づけ**；3.2.3 参照）といいます。この道具的条件づけは，後に前述したスキナーのオペラント条件づけに発展していきます。一方，ケーラーは，チンパンジーの行動を観察し，必ずしも試行錯誤を繰り返しつつ問題解決が成功に近づいていくとは限らないことを発見します。例えば，**図 3.7**（p.39）のように，天井からバナナが吊るされた檻に空腹のチンパンジーを入れます。バナナは，チンパンジーが腕を伸ばしても，ジャンプしても届きません。そこで，チンパンジーは，床に無造作に置いてある棒を持って振り回したり，木箱に登って腕を伸ばしたりして，何とかバナナを取ろうとしますが，なかなか取れません。そのような試行錯誤を繰り返すうち，チンパンジーは，突然，木箱をいくつか積み重ね，その上に登り，みごとバナナをつかみ取ります。しかも，二度と失敗することなく同じ方法でバナナを取ります。このような行動を観察したケーラーは，チンパンジーは試行錯誤を繰り返しつつ個々の情報を収集した上で，これらの情報を統合し，「木箱を積み重ね，その上に登ればバナナを取れる」という洞察を得たと考えました。このような問題解決を，ソーンダイク的な試行錯誤学習に対して，**洞察学習**といいます（Köhler, 1917；3.2.4 参照）。この洞察学習は，学習や思考においても，個々の要素（試行錯誤からの情報）の能動的な統合が，要素の結合以上の結果（問題解決）をもたらすというゲシュタルト心理学の考え方があてはまる一例といえるでしょう。

　知覚や思考などの心の働きが能動的に個々の要素を統合することで，それ以上の何かを新たに創造するというゲシュタルト心理学の考えは，前述した行動

主義にはない心理学の新たな可能性を秘めていました。しかし，ゲシュタルト心理学は，ナチス・ドイツの台頭によって，突然，終焉を迎えます。ゲシュタルト心理学者の多くはユダヤ人であったため，ドイツを追われアメリカに亡命したからです。しかし，そのことが前述したアメリカの新行動主義心理学に影響を及ぼし，さらに後述する認知心理学の誕生をもたらすことになりました。

15.2.3 精神分析

　ヴントの心理学のうち，意識主義の側面を批判したのが，オーストリアの精神科医フロイト（Freud, S., 1856-1939）です（14.2.1 参照）。フロイトは，精神疾患も含め，さまざまな行動の原因が意識ではなく**無意識**にあると考えました。そして，無意識のメカニズムを明らかにし，それに基づいて精神疾患の治療を行う心理療法を作り上げました。その理論と療法を**精神分析**といいます。フロイトが精神分析を確立するきっかけは，**アンナ・O嬢の症例**でした。アンナは，介護をしていた父親が死亡してから，四肢麻痺や感覚麻痺，言語障害などとともに，コップに口をつけても水が飲めないという症状に苦しめられていました。治療中に催眠状態に陥った彼女は，突然，幼い頃の家庭教師が嫌いであったこと，その家庭教師が飼い犬にコップから直接水を飲ませるのを見て嫌悪感を抱いていたことなどを語り始めました。すると，症状は消え，コップから水が飲めるようになったのです。このことから，フロイトは，無意識の中に抑圧されている外傷体験が心理的な症状を引き起こすと考えました。その後，フロイトは精神科医としての臨床経験から，外傷体験よりも無意識の中の性的衝動や攻撃的衝動のほうが人間の行動や精神疾患を説明する上で重要であると考え，これらを**リビドー**と呼びました。そして，人間のパーソナリティは，リビドーの源泉である**エス**，リビドーを抑圧する**超自我**，両者を調整しリビドーを適切に発散する**自我**の3つの部分から成り立つと主張しました。この主張に従えば，私たちのさまざまな行動——犯罪や暴力だけでなく，学問や芸術，道徳的行動のすべての原因は無意識のリビドーであり，それが形を変えて現れたことになります。

　無意識を重視するフロイトの考えは，当時，画期的であったため，彼のもと

には多くの弟子が集まりました。しかし，その弟子たちの中には，性的衝動や
攻撃的衝動があらゆる行動の原動力であるという考えには同意できず，やがて
独自の理論を作り上げていく者が現れます。そのような弟子の代表が，アド
ラー（Adler, A., 1870-1937）とユング（Jung, C.G., 1875-1961）です。アドラー
は，人の弱さ，すなわち**劣等感コンプレックス**を重視します。彼によれば，誰
もが劣等感をもっているが，その劣等感を克服しようとする補償が生じると考
えます。そして，この補償が人間の行動の原動力になると主張します。一方，
ユングは，リビドーを性的・攻撃的衝動だけでなく生命エネルギーとしてとら
え，その方向が自己の内部に向かうか外部に向かうかによって，**内向型—外向
型**という性格類型に分類できると考えました（14.4.2 参照）。また，その生命
エネルギーの源泉となる無意識についても，フロイトが考える個人的な無意識
だけでなく，人類に共通する**集合的無意識**があると仮定し，世界の各地に共通
する神話や信仰，時間と空間を越えて現れる夢や芸術作品を説明しようとしま
した。

　ユダヤ人であったフロイトは，ナチス・ドイツがオーストリアを併合したた
め，イギリスに亡命します。フロイト自身は，間もなく亡命先で病死しますが，
彼と共に亡命した弟子たちは，その後，世界各国で精神分析の理論を発展させ
ました。例えば，**新フロイト派**と呼ばれるホーナイ（Horney, K., 1885-1952）

図 15.3　フロイトとアンナ・フロイト

やフロム（Fromm, E. S., 1900-1980）は，フロイト自身がリビドーのような生物学的要因を重視したのに対し，幼児期の家庭環境のような社会・文化的要因を重視する理論を作り上げています。また，フロイトの娘であるアンナ・フロイト（Freud, A., 1895-1982；図15.3）は，父の考えのうち自我について理論を整理し，彼女の弟子であるエリクソン（Erikson, E. H., 1902-1994）と共に**自我心理学**の発展に貢献しています。

15.3　現代の心理学

15.3.1　認知心理学

　1956年9月11日，マサチューセッツ工科大学で開催された研究シンポジウムで，心理学者ミラー（Miller, G. A., 1920-2012）による記憶容量**マジカルナンバー7**，工学者のニューウェル（Newell, A., 1927-1992）とサイモン（Simon, H. A., 1916-2001）による人工知能の問題解決プログラム**GPS**，そして言語学者チョムスキー（Chomsky, A. N., 1928-）による言語獲得のための普遍的で生得的な文法システム**生成文法**についての研究が発表されました。これらの研究は，当時，主流であった行動主義心理学の考えや研究方法を根底からくつがえし，人間の内的過程，特に感覚・知覚や記憶，思考などの認知過程を積極的に探究しようとするものでした。この日の衝撃的な発表と後に続く研究は**認知革命**，このような研究の分野は**認知心理学**あるいは**認知科学**と呼ばれています（第2章参照）。

　とはいえ，人間の内的過程について，客観性のある科学的な方法を用いて検討しなければ，ヴントの心理学のように非難されてしまいます。だからといって，刺激と反応の間に媒介変数を仮定するのでは，新行動主義心理学と変わりません。そこで，認知心理学者は，第二次世界大戦中に発展したコンピュータに代表される**情報理論**に着目します。情報理論では，コンピュータのハードウェアではなくソフトウェア，つまり**情報**を研究対象にします。すなわち，キーボードや電子回路，モニターやプリンターではなく，入力された情報がどのように処理され，貯蔵，検索され，そして出力されるか，といった情報処理

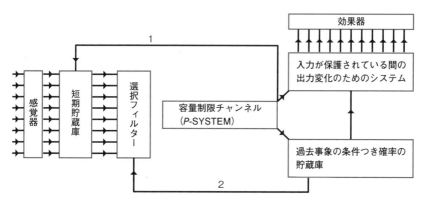

図 15.4　**注意のフィルターモデル**（Broadbent, 1958）

過程です。認知心理学者たちは，観察不可能な感覚や知覚，記憶，思考といっ
た内的過程を人間の情報処理過程ととらえ，コンピュータの情報処理過程との
比較やシミュレーションによって科学的に検討しようとしたのです。このこと
から，現代の認知心理学は**情報処理心理学**と呼ばれることもあります。

　情報理論では，情報のプロセスを，**フローチャート**を用いて可視化します。
初期の認知心理学でも，図 15.4 のように，内的過程をフローチャートによっ
て表現します。図 15.4 を見ると工学的な印象を受けるように，この頃の認知
心理学では，コンピュータと人間の情報処理がいかに類似しているかに注目し，
実験とシミュレーションを通じて，人間の情報処理についての理論を洗練させ
ていきました。しかし，その後の認知心理学は，むしろコンピュータと人間の
違いに着目するようになります。コンピュータのハードウェアは電子回路です
が，人間の情報処理の基盤は脳・神経系です。このハードウェアの違いは，情
報処理の仕方に影響するでしょう。また，人間の内的過程には，感情や欲求と
いった非認知的な部分があり，しかもそれらは認知過程に強く影響を及ぼしま
す。このことから，1980 年以降，脳のニューロンのような単純な情報処理ユ
ニットを結合した**並列分散処理（PDP）モデル**（Rumelhart & McClelland,
1986）や，人間の記憶と感情の相互作用を説明するための**感情ネットワークモ
デル**（Bower, 1981）など，人間独特の情報処理過程を解明する方向に進むこ

とになりました。

15.3.2　人間性心理学

　第二次世界大戦後に登場した心理学のもう一つの大きな流れに，**人間性心理学**があります。これは，当時のアメリカの臨床心理の世界で主流だった行動主義心理学と精神分析に対する批判として誕生しました。人間性心理学は，精神分析が無意識の性的・破壊的衝動のような人間のネガティブな側面のみを強調し，行動主義が刺激に対して反応するだけの人間の受動的な側面しかとらえていない，と批判します。そして，人間を創造性や幸福，親切，気づかい，寛大さといった動機をもち，自発性と自由意志をもった主体的存在であるととらえ，これら人間のポジティブな側面に着目します。

　人間性心理学の代表的な研究者にアメリカの心理学者マズロー（Maslow, A. H., 1908-1970）とロジャーズ（Rogers, C. R., 1902-1987）がいます（14.2.3 参照）。彼らに共通するのは，**自己実現**を強調している点です。自己実現とは，人間がそれぞれもっている潜在的な可能性を最大限に発現して，完全な自己を目指そうとする傾向をいいます。マズローは，欲求を生存に関わる欲求と成長に関わる欲求に整理し，後者の頂点として自己実現欲求を位置づける**欲求階層説**（Maslow, 1954）を提唱しました。この欲求階層説は，現在，高校の教科書で紹介されるほど広く知られています。一方，ロジャーズは，人間には自己実現傾向が生得的に備わっていることから，心理的問題に対して，治療者が患者を治療するのではなく，**来談者（クライエント）**が相談者（**カウンセラー**）の支援や援助を受けつつ自らの力で解決できると考えます。そして，この考えに基づく心理療法を**来談者中心療法**と呼び，技法や理念を作り上げていきました（Rogers, 1951）。この療法から生まれた各種技法は，現在の心理カウンセリングの基本となっていますし，ロジャーズがカウンセラーに求めた**自己一致**，**無条件の肯定的関心**，**共感的理解**といった態度は，現在，カウンセラーだけでなく医師や看護師，教師，福祉職などの対人援助職全般の基本的姿勢として理解されています。

15.3.3　現代心理学の新しい流れ

　戦後，行動主義心理学に代わって基礎心理学の主流となった認知心理学も，脳・神経科学の影響を受け，1980年代頃から，内的過程と脳との対応関係を具体的に検討する**認知神経心理学**あるいは**認知神経科学**が登場します。そのきっかけは，ニューロイメージングの発展です。ニューロイメージングとは，生きている人間の脳内の活動をさまざまな方法で測定し，それを画像化する技術をいいます。例えば，**ポジトロン断層法（PET）**や**機能的磁気共鳴画像法（fMRI）**では，脳の部位の脳血流量が測定できます。脳の部位が活動すると，その部位の血流量が増えるので，何かの認知課題を課しながら血流量を測定すれば，心的活動によって生じる脳の活動部位が特定できます（**図15.5**）。以前は，動物の脳を破壊して行動を観察したり，健常者と異なる行動をする人の脳を解剖したりするしか内的過程と脳との関係を検討できませんでした。しかし，ニューロイメージングがあれば，認知心理学の実験やシミュレーションで仮定されていた内的過程を脳のどの部位が担っているかを，特定することができます。認知神経心理学は発展途上の分野であるため，今後どのような進歩を遂げるかはわかりません。しかし，これまでの心理学が「仮説」としてしか心をとらえられなかったのに対し，認知神経心理学は脳という「実体」に基づいて心を検討できる可能性を秘めています。

　人間の内的過程の中でも認知を重視する心理学の流れは，臨床心理の分野にも影響を及ぼしました。臨床心理の分野では，第二次世界大戦後もしばらくは精神分析や，行動主義心理学を応用した行動療法が主流でした。しかし，科学

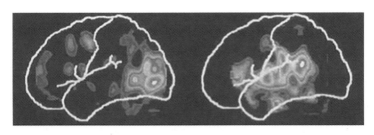

図15.5　単語を見ているとき（左）と単語を聞いているとき（右）のPETスキャン
(Petersen et al., 1988)

的根拠に乏しい精神分析や行動のコントロールだけにしか注目しない行動療法に対する不満から，認知心理学と人間性心理学の影響を受けて，アメリカの精神科医ベック（Beck, A. T., 1921-）による**認知療法**や心理学者マイケンバウム（Meichenbaum, D. H., 1940-）による**ストレス免疫訓練**など，新しい心理療法が誕生しました。これら心理療法は，その前段階にあたるアメリカの心理学者エリス（Ellis, A., 1913-2007）の**論理療法**と併せ，**認知行動療法**と呼ばれています。認知行動療法では，ストレスやうつ病・不安障害などの心理的問題の原因を，人間の認知過程に求めます。例えば認知療法では，「自分はダメな人間だ」「周りの人たちは私を助けてくれない」「今後も自分はダメなままだろう」という**認知の歪み**が，ネガティブな感情や行動を生み出すと考えます。そこで，この認知の歪みを，クライエントとセラピストが対話を通じて協同しながら修正することで，クライエントが苦しむ感情や行動上の問題を解決していきます。また，認知行動療法では，治療のプロセスや効果を質問紙などの**アセスメント**を通じて実証的に検討します。そのため，療法の効果を実証的に検討できるとともに，各種の心理的問題が生じる認知メカニズムが解明されることになりました。このように実証に基づく心理臨床を**エビデンス・ベースド・アプローチ**といい，セラピストが治療に専念するだけでなく研究にも関わる姿勢を**科学者—実践者モデル**といいます。

　21世紀になり，認知神経科学は，知覚や注意，記憶や思考のような健常者の認知的側面だけでなく，コミュニケーションや共感，道徳性といった非認知的側面や，発達障害やパーソナリティ障害などの臨床的問題にも研究の対象を広げています。一方，認知行動療法もポジティブ心理学の影響を受け，心理的な問題を抱えている人だけでなく，健常な人々の**ウェル・ビーイング**（主観的幸福感）の維持・向上に関心を向けつつあります。

第15章のポイント！

1. ヴントが創始した科学的心理学について理解しましょう。

2. 行動主義心理学，ゲシュタルト心理学，精神分析が，ヴントの心理学のどのような側面を批判したか整理しましょう。

3. 認知心理学の特徴を理解しましょう。

4. 人間性心理学の特徴を理解しましょう。

5. 認知神経心理学と認知行動療法の特徴を理解しましょう。

引 用 文 献

第 1 章

Ainsworth, M. D. S., Blehar, M. C., Waters, E., & Wall, S. (1978). *Patterns of attachment: A psychological study of the strange situation.* Hillsdale, NJ: Erlbaum.

Baron-Cohen, S., Leslie, A., & Frith, U. (1985). Does the autistic child have a "theory of mind"? *Cognition, 21,* 37-46.

Cumming, E., & Henry, W. E. (1961). *Growing old: The process of disengagement.* New York: Basic Books.

Erikson, E. H. (1959). *Identity and the life cycle.* New York: International Universities Press.
　　(エリクソン，E．H．小此木 啓吾（訳）(1973)．自我同一性——アイデンティティとライフ・サイクル—— 誠信書房)

Erikson, E. H. (1963). *Childhood and society* (2nd ed.). New York: Norton.
　　(エリクソン，E．H．仁科 弥生（訳）(1977)．幼児期と社会 1 みすず書房)

Harlow, H. F. (1959). Love in infant monkeys. In S. Coopersmith (Ed.), *Frontiers of psychological research* (pp.92-98). Freeman.

Hasher, L., & Zacks, R. T. (1988). Working memory, comprehension and aging: A review and a new review. In G. K. Bower (Ed.), *The psychology of learning and motivation.* Vol.22 (pp.193-225). New York: Academic Press.

磯部 美良 (2019)．遊びと対人関係の発達 下山 晴彦・佐藤 隆夫・本郷 一夫（監修）林 創（編）発達心理学 (pp.92-103) ミネルヴァ書房

Kohlberg, L. (1976). Moral stages and moralization: The cognitive-developmental approach. In T. Lickona (Ed.), *Moral development and behavior: Theory, research, and social issues.* New York: Holt, Reinhart & Winston.

前川 素子・大西 哲生・吉川 武男 (2012)．DOHaD (Developmental Origins of Health and Disease) 仮説からみた統合失調症 日本生物学的精神医学会誌，*23,* 103-107.

増本 康平 (2014)．情報処理機能の変化——感覚・脳・認知—— 佐藤 眞一・髙山 緑・増本 康平 老いのこころ——加齢と成熟の心理学—— (pp.65-83) 有斐閣

中川 佳子 (2014)．発達心理学の理論Ⅰ——成長・成熟の過程—— 高橋 一公・中川 佳子（編著）発達心理学 15 講 (pp.17-28) 北大路書房

小田 利勝 (2004)．サクセスフル・エイジングの研究 学文社

小川 絢子 (2019)．社会性の発達 下山 晴彦・佐藤 隆夫・本郷 一夫（監修）林 創（編）発達心理学 (pp.70-79) ミネルヴァ書房

Premack, D., & Woodruff, G.（1978）. Does the chimpanzee have a theory of mind? *The Behavioral and Brain Science, 1*, 515-526.

Rubin, D. C., Wetzler, S. E., & Nebes, R. D.（1986）. Autobiographical memory across the life span. In D. C. Rubin（Ed.）, *Autobiographical memory*（pp.202-221）. Cambridge, UK: Cambridge University Press.

Rubin, D. C.（2000）. Autobiographical memory and aging. In D. C. Park, & N. Schwarz（Eds.）, *Cognitive aging: A primer*（pp.131-150）. Philadelphia, PA: Psychology Press.

佐藤 眞一（2014）. エイジングのこころ――人の生涯発達―― 佐藤 眞一・髙山 緑・増本 康平 老いのこころ――加齢と成熟の心理学――（pp.21-40） 有斐閣

佐藤 眞一・下仲 順子・中里 克治・河合 千恵子（1997）. 年齢アイデンティティのコホート差, 性差, およびその規定要因――生涯発達の視点から―― 発達心理学研究, *8*, 88-97.

髙橋 一公（2014）. エイジングと心理的変化 「老い」への対応 髙橋 一公・中川 佳子（編著） 発達心理学 15 講（pp.163-176） 北大路書房

谷口 幸一（1997）. 運動・体力にみられる加齢現象 谷口 幸一（編著）成熟と老化の心理学（pp.147-164） コレール社

安永 明智（2014）. 体力・運動能力の加齢変化 日本老年行動科学会（監修）高齢者のここ ろとからだ事典（pp.222-223） 中央法規

第 2 章

Atkinson, R. C., & Shiffrin, R. M.（1968）. Human memory: A proposed system and its control processes. In K. W. Spence, & J. T. Spence（Eds.）, *The psychology of learning and motivation: Advances in research and theory*（pp. 89-195）. New York: Academic Press.

Cherry, C. E.（1953）. Some experiments on the recognition of speech, with one and with two ears. *The Journal of the Acoustical Society of America, 25*（5）, 975-979.

Corkin, S.（2013）. *Permanent present tense: The unforgettable life of the amnesic patient, H. M.* Penguin.
（コーキン, S. 鍛原 多惠子（訳）（2014）. ぼくは物覚えが悪い――健忘症患者 H・M の生涯―― 早川書房）

藤田和生（2017）. 比較認知科学 放送大学教育振興会

Hochberg, J. E.（1978）. *Perception*（2nd ed.）. Prentice-Hall.
（ホッホバーグ, J. E. 上村 保子（訳）（1981）. 知覚 岩波書店）

Kanizsa, G.（1979）. *Organization in vision: Essays on gestalt perception*. Praeger.
（カニッツァ, G. 野口 薫（監訳）（1985）. 視覚の文法――ゲシュタルト知覚論―― サイエンス社）

菊池 聡（2014）. 錯覚の科学 放送大学教育振興会

Ramachandran, V. S., & Hubbard, E. M.（2001）. Synaesthesia: A window into perception, thought and language. *Journal of Consciousness Studies, 8*（12）, 3-34.

Rubin, E.（1921）. *Visuell wahrgenommene Figuren: Studien in psychologischer Analyse.*

Gyldendalske Boghandel.

佐々木 正伸（1990）．記憶　詫摩 武俊（編）心理学　改訂版（pp.42-53）　新曜社

田中 啓治（1994）．視覚系の構造と機能　大山 正・今井 省吾・和氣 典二（編）新編 感覚・知覚心理学ハンドブック（pp.287-317）　誠信書房

上村 保子（1990）．感覚・知覚　詫摩 武俊（編）心理学　改訂版（pp.12-30）　新曜社

梅田 紘子・梅田 悦生（1998）．美しい声・美しい歌声――音声の生理学――　裳華房

第 3 章

Köhler, W.（1917）. Aus der Anthropoidenstation auf Teneriffa. III. Intelligenzprüfungen an anthropoiden I. *Abhandlungen der Preussische Akademie der Wissenschaften*, 1-213.
（ケーラー，W. 宮 孝一（訳）（1962）．類人猿の知恵試験　岩波書店）

Osgood, C. E.（1949）. The similarity paradox in human learning: A resolution. *Psychological Review, 56*, 132-143.

山村 豊・髙橋 一公（2017）．心理学　カレッジ版　医学書院

山内 弘継・橋本 宰（監修）岡市 廣成・鈴木 直人（編）（2006）．心理学概論　ナカニシヤ出版

第 4 章

Carey S.（1978）. The child as word learner. In M. Halle, J. Bresnan, & G. A. Miller（Eds.）, *Linguistic theory and psychological reality*（pp.264-293）. MIT Press.

Decasper, A. J., & Fifer, W. P.（1980）. Of human bonding: Newborns prefer their mothers' voices. *Science, 208*, 1174-1176.

Duncker, K.（1945）. On problem solving. *Psychological Monographs, 58*（5）.

Field, T., Woodson, R., Greenberg, R., & Cohen, D.（1982）. Discrimination and imitation of facial expressions by neonates. *Science, 218*, 179-191.

Geschwind, N.（1972）. Language and the brain. *Scientific Americacan, 226*, 76-83.

岩田 誠（1996）．脳とことば――言語の神経機構――　共立出版

岩立 志津夫・小椋 たみ子（編）（2005）．よくわかる言語発達　ミネルヴァ書房

International Dyslexia Association（2003）. Definition of dyslexia. Retrieved from https://dyslexiaida.org/definition-of-dyslexia/（2019 年 9 月 28 日）

Johnson-Laird, P. N., Legrenzi, P., & Legrenzi, M. S.（1972）. Reasoning and a sense of reality. *British Journal of Psychology, 63*（3）, 395-400.

Luchins, A. S.（1942）. Mechanization in problem solving: The effect of Einstellung. *Psychological Monographs, 54*（6）.

Markman, E. M.（1989）. *Categorization and naming in children: Problems of induction.* MIT Press.

長崎 勤・小野里 美穂（1996）．コミュニケーションの発達と指導プログラム―――発達に遅れをもつ乳幼児のために――　日本文化科学社

小椋 たみ子（2002）．語獲得期と文形成期の言語発達 1）語彙発達　岩立 志津夫・小椋 たみ子（編著）言語発達とその支援　ミネルヴァ書房

高橋 一公・中川 佳子（編著）（2019）．発達心理学 15 講　北大路書房

Shaywitz, S.（2003）. *Overcoming dyslexia: A new and complete science-based program for reading problems at any level.* Random House.
　（シェイウィッツ，S. 加藤 醇子（監修）藤田 あきよ（訳）（2006）．読み書き障害（ディスレキシア）のすべて――頭はいいのに、本が読めない――　PHP 研究所）

Uno, A., Wydell, T. N., Haruhara, N., Kaneko, M., & Shinya, N.（2009）. Relationship between reading/writing skills and cognitive abilities among Japanese primary-school children: Normal reading versus poor readers（dyslexics）. *Reading and Writing, 22,* 755-789.

Wason, P. C., & Johnson-Laird, P. N.（1972）. *Psychology of reasoning: Structure and content.* Harvard University Press.

第 5 章

Atkinson, R. L., Atkinson, R. C., Smith, E. E., Bem, D. J., & Nolen-Hoeksema, S.（Eds.）（2000）. *Hilgard's introduction to psychology*（13th ed.）. Harcourt College.

井上 昌次郎（1988）．睡眠の不思議　講談社

入戸野 宏（2013）．P300 応用　認知科学の立場から　臨床神経生理学，*41,* 86-92.

Izard, C. E., Dougherty, L. M., & Hembree, T. E.（1983）. *A system for identifying affect expressions by holistic judgements（AFFEX）.* Instructional Resource Center, University of Delaware.

Kolb, B., & Whishaw, I. Q.（1996）. *Fundamentals of human neuropsychology*（4th ed.）. New York: W. H. Freeman.

厚生労働省（2003）．高次脳機能障害支援モデル事業中間報告書　厚生労働省　Retrieved from https://www.mhlw.go.jp/houdou/2003/04/h0410-1a.html#top

宮田 洋（監修）藤澤 清・柿木 昇治・山崎 勝男（編）（1998）．生理心理学の基礎　北大路書房

Penfield, W., & Rasmussen, T.（1950）. *The cerebral cortex of man: A clinical study of localization of function.* Macmillan.

Plutchik, R.（1980）. *Emotion: A psychoevolutionary synthesis.* Haper & Row.

渡邉 修・山口 武兼・橋本 圭司・猪口 雄二・菅原 誠（2009）．東京都における高次脳機能障害者総数の推計　*The Japanese Journal of Rehabilitation Medicine, 46,* 118-125.

第 6 章

Asch, S. E.（1946）. Forming impressions of personality. *Journal of Abnormal and Social Psychology, 41,* 258-290.

Asch, S. E.（1951）. Effects of group pressure upon the modification and distortion of judgments. In H. Guetzkow（Ed.）, *Groups, leadership and men: Research in human relations* (pp.177-190). Carnegie Press.

Clark, M. S., & Mills, J. (1979). Interpersonal attraction in exchange and communal relationships. *Journal of Personality and Social Psychology, 37*, 12-24.

Fiske, S. T., & Neuberg, S. L. (1990). A continuum of impression formation, from category-based to individuating processes: Influences of information and motivation on attention and interpretation. *Advances in Experimental Social Psychology, 23*, 1-74.

Gilbert, D. T., & Malone, P. S. (1995). The correspondence bias. *Psychological Bulletin, 117*, 21-38.

Granovetter, M. S. (1973). The strength of weak ties. *American Journal of Sociology, 78*, 1360-1380.

Heider, F. (1958). *The psychology of interpersonal relations*. New York: Wiley.

Hofstede, G. (1991). *Cultures and organizations: Software of the mind*. McGraw-Hill.

Kaplan, K. J., Firestone, I. J., Degnore, R., & Moore, M. (1974). Gradients of attraction as a function of disclosure probe intimacy and setting formality: On distinguishing attitude oscillation from attitude change-study one. *Journal of Personality and Social Psychology, 30*, 638-646.

Leary, M. R., & Baumeister, R. F. (2000). The nature and function of self-esteem: Sociometer theory. *Advances in Experimental Social Psychology, 32*, 1-62.

Markus, H. R., & Kitayama, S. (1991). Culture and the self: Implications for cognition, emotion, and motivation. *Psychological Review, 98*, 224-253.

Miller, L. C., & Kenny, D. A. (1986). Reciprocity of self-disclosure at the individual and dyadic levels: A social relations analysis. *Journal of Personality and Social Psychology, 50*, 713-719.

Petty, R. E., & Cacioppo, J. T. (1986). The elaboration likelihood model of persuasion. *Advances in Experimental Social Psychology, 19*, 123-205.

Sherif, M., Harvey, O. J., White, B. J., Hood, W. R., & Sherif, C. W. (1961). *Intergroup conflict and cooperation: The Robbers Cave experiment* (2nd ed.). University of Oklahoma.

Svenson, O. (1981). Are we all less risky and more skillful than our fellow drivers? *Acta Psychologica, 47*, 143-148.

Tajfel, H., Billig, M. G., Bundy, R. P., & Flament, C. (1971). Social categorization and intergroup behavior. *European Journal of Social Psychology, 1*, 149-178.

Walster, E., Berscheid, E., & Walster, G. W. (1976). New directions in equity research. *Journal of Personality and Social Psychology, 25*, 151-176.

山岸俊男 (2000). 社会的ジレンマ――「環境破壊」から「いじめ」まで―― PHP研究所

第7章

Carter, E. A., & McGoldrick, M. (Eds.) (1980). *The family life cycle: A framework for family therapy*. New York: Gardner Press.

Featherman, D. L. (1983). Life-span perspectives in social science research. In P. B. Baltes, &

O. G. Brim, Jr.（Eds.）, *Life-span development and behavior.* Vol. 5（pp.1-57）. Academic Press.

（フェザーマン, D. L. 東 洋・柏木 惠子・高橋 惠子（編集・監訳）（1993）. 生涯発達の心理学 3 巻 家族・社会（pp.1-56） 新曜社）

池田 和嘉子（2014）. 家族の形成と発達――家族システムの発達―― 高橋 一公・中川 佳子（編著）生涯発達心理学 15 講（pp.135-148） 北大路書房

柏木 惠子（2003）. 家族心理学――社会変動・発達・ジェンダーの視点―― 東京大学出版会

小嶋 秀夫（1982）. 家庭の社会心理学 祐宗 省三（編）子どもの社会心理学 I 家庭（pp.239-267） 金子書房

厚生労働省（2017）. 平成 28 年（2016）人口動態統計（確定数）の概況 厚生労働省 Retrieved from https://www.mhlw.go.jp/toukei/saikin/hw/jinkou/kakutei16/index.html

厚生労働省（2019）. 平成 30 年 国民生活基礎調査の概況 厚生労働省 Retrieved from https://www.mhlw.go.jp/toukei/saikin/hw/k-tyosa/k-tyosa18/index.html

厚生労働省政策統括官（2018）. 平成 30 年 我が国の人口動態――平成 28 年までの動向―― 厚生労働省政策統括官

森岡 清美・塩原 勉・本間 康平（編集代表）（1993）. 新社会学辞典 有斐閣

内閣府男女共同参画局（2018）. 配偶者からの暴力に関するデータ 内閣府男女共同参画局 Retrieved from http://www.gender.go.jp/policy/no_violence/e-vaw/data/index.html

岡堂 哲雄（1991）. 家族心理学講義 金子書房

袖井 孝子（1999）. 戦後の家族変動からその未来像を探る――自立した個人の確立が新しい家族像への第一歩―― こども未来, *338*, 7-9.

髙橋 正人（1997）. 高齢者と家族 井上 勝也（責任編集）老人の心理と援助 メヂカルフレンド社

友田 明美（2017）. マルトリートメントに起因する愛着形成障害の脳科学的知見 予防精神医学, *2*（1）, 31-39.

内山 喜久雄・筒井 末春・上里 一郎（監修）岡堂 哲雄（編）（1989）. 家族関係の発達と危機 同朋舎出版

第 8 章

Bandura, A.（1977）. Self-efficacy: Toward a unifying theory of behavioral change. *Psychological Review, 84*, 191-215.

Cronbach, L. J.（1957）. The two disciplins of scientific psychology. *American Psychologist, 40*, 247-256.

Stevens, D. D., & Levi, A. J.（2014）. *Introduction to rubrics: An assessment tool to save grading time, convey effective feedback, and promote student learning.* VA: Stylus Publishing.

（スティーブンス, D. D.・レヴィ, A. J. 佐藤 浩章（監訳）井上 敏憲・俣野 秀典（訳）（2014）. 大学教員のためのルーブリック評価入門 玉川大学出版部）

市川 伸一（2011）．学習と教育の心理学　岩波書店

伊藤 崇達（1996）．学業達成場面における自己効力感、原因帰属、学習方略の関係　教育心理学研究, *44*, 340-349.

Maslow, A. H.（1970）. *Motivation and personality*. Harper & Row.

水越 俊行（1970）．発見学習入門　明治図書

文部科学省（2013）．いじめ防止対策推進法　文部科学省　Retrieved from https://www.mext.go.jp/a_menu/shotou/seitoshidou/1337278.htm

文部科学省（2016）．義務教育の段階における普通教育に相当する教育の機会の確保等に関する法律　文部科学省　Retrieved from https://www.mext.go.jp/a_menu/shotou/seitoshidou/1380960.htm

文部科学省作業部会事務局（2015）．「チームとしての学校」の在り方　文部科学省　Retrieved from https://www.mext.go.jp/b_menu/shingi/chukyo/chukyo3/siryo/attach/1365408.htm

文部科学省初等中等教育局児童生徒課（2007）．児童生徒の教育相談の充実について──生き生きとした子どもを育てる相談体制づくり（報告）──　文部科学省　Retrieved from https://www.mext.go.jp/b_menu/shingi/chousa/shotou/066/gaiyou/1369810.htm

文部科学省初等中等教育局児童生徒課（2019）．平成30年度児童生徒の問題行動・不登校など生徒指導上の諸課題に関する調査結果について　文部科学省　Retrieved from https://www.mext.go.jp/b_menu/houdou/31/10/1422020.htm

Weiner, B.（1979）. A theory of motivation for some classroom experience. *Journal of Educational Psychology, 71*（1）, 3-25.

第9章

藤岡 淳子（2016）．パーソナリティ障害を以ってパーソナリティ障害を制す？　こころの科学, 80-81.

法務省（2018）．非行少年の処遇　平成30年版犯罪白書　Retrieved from http://hakusyo1.moj.go.jp/jp/65/nfm/n65_2_3_2_1_0.html（2019年11月1日）

川島 ゆか（2019）．各種犯罪類型の特徴と心理支援──パーソナリティ要因を中心に──　野島 一彦・繁桝 算男（監修）岡本吉生（編）司法・犯罪心理学（pp.121-135）　遠見書房

警察庁（2019）．犯罪被害者等基本法　警視庁 Retrieved from https://www.npa.go.jp/hanzaihigai/kuwashiku/kihon/kihon.html（2019年11月1日）

検察庁（2019）．犯罪情勢　検察庁　Retrieved from http://www.kensatsu.go.jp/hanzai_gaiyou/keihou.htm（2019年11月1日）

小山 高正・田淵 朋香・林 牧子（2016）．日常にいかす心理学──新版心理学事始──　アートアンドブレーン（電子書籍）

黒沢 香・村松 励（2012）．非行・犯罪・裁判（p.55）　新曜社

来住 由樹・中島 豊爾（2013）．医療機関による介入　外来治療　齊藤 万比古（編）（2013）．

　　　素行障害――診断と治療のガイドライン――（pp.162-163）　金剛出版

前川 泰彦（2016）．被害者担当官・被害者担当保護司　藤本 哲也・生島 浩・辰野 文理（編著）よくわかる更生保護（pp.170-171）　ミネルヴァ書房

Miller, W. R., & Rollnick, S.（2012）. *Motivational interviewing: Helping people change*（3rd ed.）. New York: Guilford Press.

　　　（ミラー，W. R.・ロルニック，S.　原井 宏明（監訳）（2019）．動機づけ面接　第3版（上）（pp.48, 94, 272）　星和書店）

内閣府大臣官房政府広報室（2019）．再犯を防止して安全・安心な社会へ　政府広報オンライン　Retrieved from https://www.gov-online.go.jp/useful/article/201406/1.html（2019年11月1日）

越智 啓太（2012）．Progress & Application 犯罪心理学　サイエンス社

最高裁判所（2019）．裁判員等経験者に対するアンケート調査結果報告書（平成30年度）　Retrieved from http://www.saibanin.courts.go.jp/vcms_lf/h30-a-1.pdf（2019年11月1日）

澤登 俊雄（2015）．少年法入門　第6版（p.193）　有斐閣

須藤 明（2019）．少年犯罪はどのように裁かれるのか――成人犯罪への道をたどらせないために――　合同出版

杉山 弘晃（2016）．協力雇用主　藤本 哲也・生島 浩・辰野 文理（編著）よくわかる更生保護（p.134）　ミネルヴァ書房

鈴木 公啓（編）（2012）．パーソナリティ心理学概論――性格理解への扉――　ナカニシヤ出版

富田 拓（2017）．非行と反抗がおさえられない子どもたち――生物・心理・社会モデルから見る素行症・反抗挑発症の子へのアプローチ――　合同出版

第10章

Barnard, C. I.（1938）. *The functions of the executive.*　Cambridge, MA: Harvard University Press.

　　　（バーナード，C. I.　山本 安次郎・田杉 競・飯野 春樹（訳）（1968）．新訳 経営者の役割　ダイヤモンド社）

Blake, R. R., & Mouton, J. S.（1964）. *The managerial grid.*　Houston, TX: Gulf.

Hersey, P., & Blanchard, K. H.（1977）. *Management of organizational behavior*（3rd ed.）. Englewood Cliffs, NJ: Prentice-Hall.

　　　（ハーシー，P.・ブランチャード，K. H.　山本 成二・水野 基・成田 攻（訳）（1978）．入門から応用へ　行動科学の展開――人的資源の活用――　生産性出版）

君嶋 護男・北浦正行（2015）．セクハラ・パワハラ読本――職場のハラスメントを防ぐ――　日本生産性本部生産性労働情報センター

厚生労働省（2009）．心の健康問題により休業した労働者の職場復帰支援の手引き――メンタルヘルス対策における職場復帰支援――　厚生労働省　Retrieved from https://www.mhlw.go.jp/new-info/kobetu/roudou/gyousei/anzen/101004-1.html

厚生労働省（2012）．職場のパワーハラスメントの予防・解決に向けた提言　厚生労働省　Retrieved from https://www.mhlw.go.jp/stf/houdou/2r98520000025370-att/2r9852000002538h.pdf

厚生労働省（2017）．平成 28 年度職場のパワーハラスメントに関する実態調査報告書　厚生労働省労働基準局勤労者生活課　Retrieved from https://www.mhlw.go.jp/file/04-Houdouhappyou-11208000-Roudoukijunkyoku-Kinroushaseikatsuka/0000164176.pdf

厚生労働省（2018）．平成 30 年版過労死等防止対策白書　厚生労働省　Retrieved from https://www.mhlw.go.jp/wp/hakusyo/karoushi/18/index.html

Litwin, G. H., & Stringer, R. A. Jr. (1968). *Motivation and organizational climate.* Cambridge. MA: Harvard University Press.

（リットビン, G. H.・ストリンガー, R. A. Jr. 占部 都美（監訳）井尻 昭夫（訳）（1974）．経営風土　白桃書房）

三隅 二不二（1984）．リーダーシップ行動の科学　改訂版　有斐閣

Reason, J. T. (1997). *Managing the risks of organizational accidents.* Brookfield, VT: Ashgate.

（リーズン, J. T. 塩見 弘（監訳）（1999）．組織事故――起こるべくして起こる事故からの脱出――　日科技連出版社）

Schein, E. H. (1985). *Organizational culture and leadership.* San Francisco: Jossey-Bass Publishers.

（シャイン, E. H. 清水 紀彦・浜田 幸雄（訳）（1989）．組織文化とリーダーシップ　ダイヤモンド社）

島津 明人（2015）．産業保健と経営との協働に向けて――ワーク・エンゲイジメントの視点から――　産業・組織心理学研究, *28*（2）, 103-110.

Stogdill, R. M. (1974). *Handbook of leadership: A survey of theory and research.* New York: Free Press.

山口 裕幸（1994）．企業組織の活性化過程　斉藤 勇・藤森 立男（編）経営産業心理学パースペクティブ（pp.104-116）　誠信書房

第 11 章

American Psychiatric Association (2013). *Diagnostic and Statistical Manual of Mental Disorders: DSM-5* (5th ed.). VA: American Psychiatric Publication.

（アメリカ精神医学会, 日本精神神経学会（監修）髙橋 三郎・大野 裕（監訳）（2014）．DSM-5 精神疾患の分類と診断の手引　医学書院）

厚生労働省（2005）．障害者自立支援法　厚生労働省　Retrieved from https://www.mhlw.go.jp/topics/2005/02/tp0214-1.html

文部科学省（2007）．特別支援教育の推進について　文部科学省　Retrieved from https://www.mext.go.jp/b_menu/hakusho/nc/07050101.htm

文部科学省初等中等教育局特別支援教育課（2012）．通常の学級に在籍する発達障害の可能性のある特別な教育的支援を必要とする児童生徒に関する調査結果について　文部科学

省　Retrieved from https://www.mext.go.jp/a_menu/shotou/tokubetu/material/1328729. htm

内閣府（1970）．障害者基本法　内閣府　Retrieved from https://www8.cao.go.jp/shougai/suishin/kihonhou/s45-84.html

内閣府（2014）．障害者権利条約　内閣府　Retrieved from https://www8.cao.go.jp/shougai/un/kenri_jouyaku.html

内閣府（2016）．障害を理由とする差別の解消と推進に関する法律　内閣府　Retrieved from https://www8.cao.go.jp/shougai/suishin/law_h25-65.html

高橋 一公・中川 佳子（編著）（2019）．発達心理学 15 講　北大路書房

World Health Organization（1980）．*ICIDH: International Classification of Functioning, Disability and Health*（国際障害分類）．Geneva: WHO.

World Health Organization（2001）．*ICF: International Classification of Functioning, Disability and Health*（国際生活機能分類）．Geneva: WHO.

World Health Organization（2018）．*ICD-11: International Statistical Classification of Diseases and Related Health Problems.* Geneva: WHO.

第 12 章

網野 武博・乾 吉佑・飯長 喜一郎（編）（1992）．福祉心理臨床　星和書店

日本臨床心理士会（2013）．臨床心理士のための子ども虐待対応ガイドブック　日本臨床心理士会

厚生労働省（2017a）．平成 28 年　国民生活基礎調査の概況　厚生労働省　Retrieved from https://www.mhlw.go.jp/toukei/saikin/hw/k-tyosa/k-tyosa16/

厚生労働省（2017b）．児童相談所の運営指針について　厚生労働省　Retrieved from https://www.mhlw.go.jp/bunya/kodomo/dv-soudanjo-kaisei.html

厚生労働省（2017c）．第 5 回公認心理師カリキュラム等検討会報告書（案）　厚生労働省　Retrieved from https://www.mhlw.go.jp/file/05-Shingikai-12201000-Shakaiengokyokushou-gaihokenfukushibu-Kikakuka/0000166614.pdf

厚生労働省（2017d）．児童虐待に係る児童相談所と市町村の共通リスクアセスメントツールについて　厚生労働省　Retrieved from https://www.mhlw.go.jp/file/06-Seisakujouhou-11900000-Koyoukintoujidoukateikyoku/0000161641.pdf

厚生労働省（2019a）．生活保護の被保護者調査（令和元年 6 月分概数）の結果　厚生労働省　Retrieved from https://www.mhlw.go.jp/toukei/saikin/hw/hihogosya/m2019/dl/06-01.pdf

厚生労働省（2019b）．平成 30 年度児童相談所での児童虐待相談対応件数〈速報値〉　厚生労働省　Retrieved from https://www.mhlw.go.jp/content/11901000/000533886.pdf

厚生労働省（2019c）．ひきこもり対策推進事業　厚生労働省　Retrieved from https://www.mhlw.go.jp/stf/seisakunitsuite/bunya/hukushi_kaigo/seikatsuhogo/hikikomori/index.html

黒川 由紀子・斎藤 正彦・松田 修（2005）．老年臨床心理学——老いの心に寄り添う技術——

有斐閣

文部科学省（2017）．公認心理師法第 7 条第 2 号に規定する施設の文部科学大臣及び厚生労働大臣による認定等について　文部科学省　Retrieved from https://www.mhlw.go.jp/file/06-Seisakujouhou-12200000-Shakaiengokyokushougaihokenfukushibu/0000187558.pdf

内閣府（2016）．子ども・子育て支援新制度なるほど BOOK 平成 28 年 4 月改訂版　内閣府　Retrieved from https://www8.cao.go.jp/shoushi/shinseido/event/publicity/naruhodo_book_2804.html

内閣府（2019a）．令和元年版高齢社会白書　内閣府　Retrieved from https://www8.cao.go.jp/kourei/whitepaper/w-2019/html/zenbun/index.html

内閣府（2019b）．生活状況に関する調査（平成 30 年度）　内閣府　Retrieved from https://www8.cao.go.jp/youth/kenkyu/life/h30/pdf-index.html

野島 一彦・繁桝 算男（監修）中島 健一（編）（2018）．福祉心理学　遠見書房

齊藤 万比古（2010）．ひきこもり新ガイドラインについて　内閣府　Retrieved from https://www8.cao.go.jp/youth/kenkyu/hikikomori/handbook/pdf/2.pdf

富樫 ひとみ（2018）．福祉心理学の定義と研究領域　茨城キリスト教大学紀要，*52*，83-91.

氏原 寛・岡堂 哲雄・亀口 憲治・西村 洲衞男・馬場 禮子・松島 恭子（編）（2006）．心理査定実践ハンドブック　創元社

第 13 章

厚生労働省（2018a）．平成 29 年度国民健康・栄養調査報告　厚生労働省　Retrieved from https://www.mhlw.go.jp/stf/seisakunitsuite/bunya/kenkou_iryou/kenkou/eiyou/h29-houkoku.html

厚生労働省（2018b）．災害派遣精神医療チーム（DPAT）活動要領　厚生労働省　Retrieved from https://www.mhlw.go.jp/seisakunitsuite/bunya/hukushi_kaigo/shougaishahukushi/kokoro/ptsd/dpat_130410.html

厚生労働省・独立行政法人労働者健康安全機構（2017）．職場における心の健康づくり――労働者の心の健康の保持増進のための指針――　厚生労働省　Retrieved from https://www.mhlw.go.jp/new-info/kobetu/roudou/gyousei/anzen/101004-3.html

厚生労働省チーム医療推進方策検討ワーキンググループ（2011）．チーム医療推進のための基本的な考え方と実践的事例集　厚生労働省　Retrieved from https://www.mhlw.go.jp/stf/shingi/2r9852000001ehf7-att/2r9852000001ehgo.pdf

久保 真人（2007）．バーンアウト（燃え尽き症候群）――ヒューマンサービス職のストレス――　日本労働研究雑誌，*558*，54-64.

Maslach, C., & Jackson, S. E.（1981）. The measurement of experienced burnout. *Journal of Occupational Behavior, 2*, 99-113.

文部科学省（2018）．平成 29 年度「児童生徒の問題行動等生徒指導上の諸問題に関する調査」　文部科学省　Retrieved from https://www.mext.go.jp/component/a_menu/education/detail/__icsFiles/afieldfile/2019/10/25/1412082-29.pdf

中島 健一（編）（2018）．福祉心理学　遠見書房

冨岡 直・満田 大・中嶋 義文（2013）．多職種協働のために精神科リエゾンチームの心理職に求められること──チームの内と外、二側面による検討──総合病院精神医学, *25*（1），33-40.

山村 豊・髙橋 一公（2017）．心理学　カレッジ版　医学書院

安田 みどり（2017）．コミュニティ心理学における予防に関する教育の試み　コミュニティ心理学研究, *20*（2），164-173.

吉邨 善孝・桐山 啓一郎・藤原 修一郎（2013）．精神科リエゾンチーム医療の現状と課題　総合病院精神医学, *25*（1），2-8.

World Health Organization（2001）．ICF: International Classification of Functioning, Disability and Health. Geneva: WHO.

　（障害者福祉研究会（編）（2002）．ICF 国際生活機能分類──国際障害分類改定版──中央法規出版）

World Health Organization, War Trauma Foundation, & World Vision International（2011）． *Psychological first aid: Guide for field workers.* Geneva: WHO.

　（世界保健機関・戦争トラウマ財団・ワールドビジョンインターナショナル，（独）国立精神・神経医療センター・ケア・宮城・公益財団法人プラン・ジャパン（訳）（2012）．心理的応急処置（サイコロジカル・ファーストエイド：PFA）フィールド・ガイド（独）国立精神・神経医療センター）

第 14 章

Cattell, R. B.（1957）． *Personality and motivation structure and measurement.*

Costa, P. T. Jr., & McCrae, R. R.（2008）．The Revised NEO Personality Inventory（NEO-PI-R）. In G. J. Boyle, G. Matthews, & D. H. Saklofske（Eds.）, *The SAGE handbook of personality theory and assessment. Vol. 2. Personality measurement and testing*（pp.179-198）. LA: SAGE.

Gabbard, G. O.（2017）． *Long-term psychodynamic psychotherapy: A basic text.* American Psychiatric Publishing.

　（ギャバード，G. O. 狩野 力八郎・池田 暁史（訳）（2012）．精神力動的精神療法──基本テキスト──　岩崎学術出版社）

Goldberg, L. R.（1990）．An alternative "description of personality": The Big-Five factor structure. *Journal of Personality and Social Psychology, 59*（6），1216-1229.

教育相談等に関する調査研究協力者会議（2007）．児童生徒の教育相談の充実について──生き生きとした子どもを育てる相談体制づくり──（報告）　文部科学省　Retrieved from https://www.mext.go.jp/b_menu/shingi/chousa/shotou/066/gaiyou/1369810.htm

前田 重治（2014）．新図説 精神分析的面接入門　誠信書房

Mischel, W.（1968）． *Personality and assessment.* Lawrence Erlbaum Associates.

　（ミッシェル，W. 詫摩 武俊（監訳）（1980）．パーソナリティの理論──状況主義的アプローチ──　誠信書房）

Rogers, C. R. (1951). Perceptual reorganization in client-centered therapy. In R. R. Blake, & G. V. Ramsey (Eds.), *Perception: An approach to personality* (pp.307-327). New York: Ronald Press Company.

第15章

Bower, G. H. (1981). Mood and memory. *American Psychologist, 36*, 129-148.

Broadbent, D. (1958). *Perception and communication.* Pergamon Press.

Hull, C. L. (1943). *Principles of behavior: An introduction to behavior theory.* New York: Appleton-Century-Crofts.

(ハル, C. L. 能見 義博・岡本 栄一 (訳) (1960). 行動の原理　誠信書房)

Köhler, W. (1917). Aus der Anthropoidenstation auf Teneriffa. III. Intelligenzprüfungen an anthropoiden I. *Abhandlungen der Preussische Akademie der Wissenschaften*, 1-213.

(ケーラー, W. 宮 孝一 (訳) (1962). 類人猿の知恵試験　岩波書店)

Maslow, A. H. (1954). *Motivation and personality* (pp.80-106). New York: Harper & Row.

(マズロー, A. H. 小口 忠彦 (訳) (1987). 改訂新版 人間性の心理学——モチベーションとパーソナリティ——　産業能率大学出版部)

Petersen, S. E., Fox, P. T., Posner, M. I., Mintun, M A., & Raichle, M. E. (1988). Positron emission tomographic studies of the cortical anatomy of single-word processing. *Nature, 331*, 585-589.

Rogers, C. R. (1951). *Client-centered therapy.* Oxford, England: Houghton Mifflin.

(ロジャーズ, C. R. 保坂 亨・末武 康弘・諸富 祥彦 (訳) (2005). クライエント中心療法 (ロジャーズ主要著作集)　岩崎学術出版社)

Rumelhart, D. E., McClelland, J. L., & The PDP Research Group (1986). *Parallel distributed processing: Explorations in the microstructure of cognition: Foundations.* Vol. 1. Cambridge, MA: MIT Press.

(ラメルハート, D. E.・マクレランド, J. L.・PDPリサーチグループ 甘利 俊一 (訳) (1989). PDPモデル——認知科学とニューロン回路網の探索——　産業図書)

Skinner, B. F. (1938). *The behavior of organisms: An experimental analysis.* New York: Appleton-Century-Crofts.

Thorndike, E. L. (1898). Animal intelligence: An experimental study of the associative processes in animals. *The Psychological Review: Monograph Supplements, 2* (4), i-109.

Tolman, E. C. (1932). *Purposive behavior in animals and men.* Oxford, England: Appleton-Century.

(トールマン, E. C. 富田 達彦 (訳) (1977). 新行動主義心理学——動物と人間における目的的行動——　清水弘文堂)

Watson, J. B. (1913). Psychology as the behaviorist views it. *Psychological Review, 20* (2), 158-177.

Watson, J. B., & Rayner, R. (1920). Conditioned emotional reactions. *Journal of Experimental*

Psychology, 3 (1), 1-14.

Wertheimer, M. (1912). Experimentelle Studien über das Sehen von Bewegung. *Zeitschrift für Psychologie, 61* (1), 161-265.

人名索引

事 項 索 引

執筆者紹介

【編著者略歴】

なかがわ　よしこ
中川　佳子 （第4, 5, 8, 11章執筆）

1993年　日本女子大学人間社会学部卒業

2006年　日本女子大学大学院人間社会研究科博士課程修了

現　在　都留文科大学教養学部学校教育学科教授

　　　　主要編著書

『発達心理学15講』（共編著）（北大路書房，2019）

『J.COSS 日本語理解テスト』（分担執筆）（風間書房，2010）

『発達のための臨床心理学』（分担執筆）（保育出版社，2010）

『老年認知心理学への招待』（分担執筆）（風間書房，2006）

たかはし　いっこう
髙橋　一公 （第3, 7, 12, 13章執筆）

1986年　立正大学文学部卒業

1989年　明星大学大学院人文学研究科修了

現　在　東京未来大学モチベーション行動科学部教授

　　　　主要編著書

『発達心理学15講』（共編著）（北大路書房，2019）

『社会調査の基礎　第4版（社会福祉士シリーズ5）』（分担執筆）（弘文堂，2019）

『系統看護学講座　心理学　第6版』（共著）（医学書院，2017）

『家族の関わりから考える生涯発達心理学』（分担執筆）（北大路書房，2006）

【執 筆 者】名前の後の括弧内は執筆担当章を表す。

島内　晶（第1章）　東京未来大学モチベーション行動科学部准教授

入口　真夕子（第2章）　国士舘大学理工学研究所特別研究員

埴田　健司（第6章）　東京未来大学モチベーション行動科学部准教授

田淵　朋香（第9章）　日本女子大学人間社会学部心理学科非常勤講師

石橋　里美（第10章）　東京未来大学モチベーション行動科学部非常勤講師

大橋　智（第14章）　東京未来大学こども心理学部講師

山村　豊（第15章）　帝京大学教育学部教授

現代に活きる心理学ライブラリ
：困難を希望に変える心理学＝Ⅰ-1

心理学の世界

2020 年 4 月 10 日ⓒ	初 版 発 行
2023 年 3 月 10 日	初版第 2 刷発行

編著者	中 川 佳 子	発行者	森 平 敏 孝
	髙 橋 一 公	印刷者	中 澤 　 眞
		製本者	小 西 惠 介

発行所 　　**株式会社 サイエンス社**

〒151-0051　東京都渋谷区千駄ヶ谷 1 丁目 3 番 25 号
営業 TEL　（03）5474-8500（代）　　振替 00170-7-2387
編集 TEL　（03）5474-8700（代）
FAX　　　（03）5474-8900

組版　ケイ・アイ・エス
印刷　㈱シナノ　　　　製本　ブックアート
《検印省略》

ISBN978-4-7819-1473-2

PRINTED IN JAPAN

サイエンス社のホームページのご案内
https://www.saiensu.co.jp
ご意見・ご要望は
jinbun@saiensu.co.jp　まで.